U0562375

译者前言

何塞·卡洛斯·马里亚特吉是秘鲁著名马克思主义理论家和秘鲁共产党创始人。他 1894 年生于莫克瓜，幼时跌伤膝盖，终身致残。他 14 岁进利马《新闻报》当学徒，工余时间刻苦攻读并进行文学写作。17 岁开始做编辑，同时参加文学界多项活动。随着年龄增长，他开始关注社会现实，同情劳工阶级和下层民众疾苦。1918 年和 1919 年先后参加创办《我们的时代》和《理性报》，撰文批评政府，支持工人和学生运动，逐渐倾向社会主义思想。1919 年被莱吉亚政府以派遣学习为名流放欧洲。他先后旅居意大利、法国、德国和奥地利，其间亲身经历了欧洲无产阶级革命运动，受到极大震动和启发，同时研读马克思、恩格斯和列宁的著作，开始接受马克思主义。1921 年回国后，积极致力于组织工人运动和宣传社会主义思想，并于 1928 年创建秘鲁社会党（秘鲁共产党前身）。自从 1924 年截肢后，因生活环境艰难和工作辛劳，他的健康状况逐渐恶化，1930 年 4 月 16 日在利马病逝。

马里亚特吉虽然英年早逝，但他在短暂的一生中不倦地思索，忘我地奋斗，不仅在成立秘鲁总工会和创建社会党上颇有建树，而且留下了丰厚的思想遗产。他的思想可谓博大精深，涉及世界和拉美经济、政治、社会、新闻、文学、艺术等诸多方面。这些遗产反映在他数量丰富的著作中，其中主要有《关于秘鲁国情的七篇论文》（1928 年）、《当代舞台》(1925 年) 和《捍卫马克思主义》等。他的后人多年来一直努力继承和宣传他的遗产，在纪念他诞辰百年的 1994 年，将他的著作汇集并出版了卷帙浩繁的《马里亚特吉全集》。

马里亚特吉的一生是光辉的一生，是献身于国家重建和人民解放的一生。他对秘鲁和拉美国家的问题有着深切感受和精辟分析，并努力探索根本性的解决方案。他的最大贡献，是主张用马克思主义的方法来研究和解决这些问题，断言拉美的革命只能是社会主义的，并提出“应该用我们自己的现实，用我们自己的语言创造出印第安美洲的社会主义”，而《关于秘鲁国情的七篇论文》就是第一部用马克思主义来分析秘鲁社会现实的著作。因此，他在整个拉美历史和国际共产主义运动中占有一席之地，并且深刻地影响到现代拉美的政治生活。

对于马里亚特吉这位著名人物，拉美和世界许多国家的政治家和学者早就认识到其生平和思想的重要意义，开展了广泛、持久和深入的研究，并取得了丰硕成果，出版了难以计数的著述。而我们国家在这方面起步很晚，直到 1987 年才在资深拉美学者推荐下，翻译出版了他的代表作《关于秘鲁国情的七篇论文》，聊补了这方面的一个空白。此后，虽然在多部关于拉美的著作中对于这位重要人物有所提及，但与海外的研究相比，在深度和广度上都存在极大差距。这次社会科学文献出版社出版莫妮卡·布鲁克曼的这部著作无疑是一件很有意义的事，作为幸运的译者，希望这有助于推动我国学界对马里亚特吉的认识和研究。

最后，需要做两点说明。第一，本书西班牙文名称是：Mi sangre en mis ideas：Dialéctica y prensa revolucionaria en José Carlos Mariátegui，直译过来是《将全部心血都倾注在我的思想之中：何塞·卡洛斯·马里亚特吉的辩证法和革命新闻》，实际内容是通过马里亚特吉在新闻战线的艰苦奋斗，概要地介绍了他的革命思想和实际作为，但这样的标题未免太长，所以改成《马里亚特吉的革命理论与实践》。第二，书中有些地方尤其是作者附录的马里亚特吉早年写作文章的标题中，出现了一些极其生僻的词，其中几个翻遍手头的多种辞典也搜寻不到，始终无从下手，只得照录原文，敬请读者见谅。另外，因水平所限，译文中错误不当之处，望不吝赐教。

2016 年 1 月 5 日

致　谢

小阿卢伊济奥·阿尔韦斯经常耐心又专心地指导本项研究；小吉萨利奥·塞尔格拉、欧里科·德利马·菲格雷多、因格里德·萨尔蒂和安东尼奥·塞尔索·佩雷拉提出宝贵意见和评论，丰富了本著作的内容；查尔斯·佩萨尼亚、卡洛斯·爱德华多·马丁斯、查姆·卡兹和卢德斯·布鲁克曼给予了一贯支持和激励；我兄弟弗兰克斯·布鲁克曼热情地为本著作提供了参考书目；我的伙伴和朋友特奥多尼奥·多斯桑托斯进行了长时间鼓舞人心的聚谈，并提出建议，极大地帮助了本项研究的进展，谨对以上所有人表示我的敬意和深深感谢！

序　言

近年，我们可以看到，拉丁美洲对于了解和重新认识何塞·卡洛斯·马里亚特吉著作的兴趣日益增加。2005 年，委内瑞拉玻利瓦尔共和国全国代表大会对他表示极大的崇敬，以纪念他逝世 75 周年。[①] 在表示崇敬的文件中，认为“何塞·卡洛斯·马里亚特吉的思想是理解世界工人和社会主义运动历史的前所未有的和独特的源泉，它代表着拉美革命者开展行动的持久的思想源泉”。继这次重大事件后，又举行了一系列传播和反思其著作的活动，并专门出版了他的经典著作《关于秘鲁国情的七篇论文》。在地区内的其他国家，同样在撰写和发表研究马里亚特吉生平和著作的重要文章，并再版他的著作。这是一系列其他倡议的一部分，其他倡议包括发表科学论文和举办关于这一内容的座谈会、学术研讨会和讲习班。

重新认识马里亚特吉的活动是一场更为广阔运动的一部分，这场运动表明，根据拉美社会思想中最具创造性的内容来重新思考拉丁美洲，以便重新开展一场理论和政治讨论。在拉美地区的历史问题依然没有解决的时候，这样的讨论仍然具有极大的现实意义。

在经历将近 20 年的新自由主义以及它对拉美造成的深重的经济、政治和理论衰退之后，开始了一个新的历史阶段。这个阶段在新的社会运

① 仪式于 2005 年 4 月 21 日在委内瑞拉玻利瓦尔共和国全国代表大会所在地加拉加斯立法宫举行。

动、土著文化的力量和一种新的生态觉悟和可持续性观念中，为正在发生的变化找到了重要的手段。新一轮中—左派政府在这个大陆打开了局面。因此，必须就我们这个历史时代的重大问题重新进行讨论，这不是像某些思想流派浪漫地提出的那样要回到过去，而是要从一种深深植根于我们的历史和文明的文化特性出发走向未来。随着新的拉美国家更加名副其实，它们就会更加具有世界意义。从这个过程中兴起的新的拉美特性能够更好地抛弃西方的种族中心观，成为建设一种全球性的、包容的、民主的和比较平等的文明的一个重要方面。

在这样的背景下，我们研究何塞·卡洛斯·马里亚特吉的思想具有更加深刻的意义，这意义超越了必须创立新知识和新理论本身，而关系到一个大陆多样的、密集的和复杂的人民的激情和情感，因为这样的人民越来越以更大的热情要把自己的未来掌握在自己手中。

马里亚特吉以他强烈的论战爱好，要求我们必须恢复马克思主义思想发展过程中的论战精神和批判思想。不在这种意义上恢复马里亚特吉，就宣布了他是神话、他拥有最终决定权、他掌握着真理。没有什么比贬低他的著作的广泛性和丰富性这种看法距离他的思想和他的生活经历更遥远的了。如果这样的话，一种从来没有认为自己已经定型，而是根据日常政治斗争和实践（实践本身就包含着理论与实践之间持久的紧张状态）一直在理论上创建着的思想，也就失去了它的生命力。

现在我们奉献给读者的这部著作，是作者在里约热内卢联邦大学哲学和社会科学学院完成的副博士学位论文。这篇研究论文试图根据马里亚特吉理论与实践关系的辩证观点，提出一种了解和研究他的思想和著作的独特方式，专门分析他的新闻观。他的新闻观体现在一项出版计划上，而计划中的《阿毛塔》杂志就是一个理论与实践相结合的生动范例。因时间有限，我们不得不对涉及的许多内容一笔带过，留作将来研究的课题。

本书分为两部。第一部试图根据关于马里亚特吉生平的历史资料，再现广义的实践（包括政治、社会和文化方面）与理论（掌握一种能够产生新知识和新理论的理论框架）之间的关系。这种关系体现在马里亚特吉本人的一生和他的著作中。

第一部包括两章。第一章着重讲述青年时期马里亚特吉智力和政治修养中的决裂和连续因素，从一开始是孤苦伶仃的孩子，如饥似渴地读书，早早地进入新闻界并试图理解当时重大的社会和政治事件，到通过紧张的新闻活动了解秘鲁 20 世纪 20 年代末的社会斗争，并培养其与秘鲁新兴无产阶级的利益以及他们改造社会的理想相一致的政治觉悟。

第二章分析他的欧洲之行，以及 20 世纪 20 年代最初几年欧洲的政治气氛对于他的马克思主义和社会主义修养的重要意义。在逗留意大利和路过法国与德国期间，马里亚特吉目睹了对于欧洲左派的历史具有极其重要意义的政治事件，并从他与欧洲知识界最先进人士的关系中汲取了营养。回到秘鲁后，他满怀激情地开展政治和理论工作，其最显著的成果是成立秘鲁总工会，创建秘鲁社会党，创办《阿毛塔》杂志，以及进行广泛的理论工作。这项理论工作反映在对于拉美和世界社会思想来说已成为重要遗产的大量著述上。

第二部试图根据马里亚特吉的新闻观、出版计划和《阿毛塔》杂志，深入分析他新闻工作中理论与实践的统一，而《阿毛塔》杂志就是这种统一的结晶。这一部包括三章，详细介绍如下。

第三章根据以葛兰西和列宁为杰出代表的最重要的理论论述，来阐述马里亚特吉的新闻观。

第四章比较详细地描写马里亚特吉的出版计划，这一方面是他的新闻观的具体体现，另一方面是为产生本地知识创造物质条件的一种尝试。

第五章专门论及《阿毛塔》杂志，它是马里亚特吉理论工作与政治和文化实践的结晶。在这一章中，我们要分析这份杂志的内容，着重讲述使它成为构建秘鲁和拉美国家特性中根本性内容的那些因素。这一章很大部分将介绍关于标志着拉美一个重要历史阶段的三大课题的那场辩论，这三大课题是反对帝国主义、社会主义和土著人问题。

为撰写本书，我们到实地和通过因特网进行了广泛的书志学研究，并得到诸多合作者的宝贵帮助。许多文献中心热情地接待了我们，其中主要有利马何塞·卡洛斯·马里亚特吉故居博物馆，布宜诺斯艾利斯大学哲学系图书馆，哈瓦那“美洲之家”图书馆，设在农泰尔的巴黎第十大学中心图书馆，设在巴黎的拉美高级研究所 P. 蒙贝格图书馆，秘鲁天主教大学中心图书馆和社会科学图书馆。我特别感谢这些机构的慷慨接待和敬业精神。

我们的研究方法建立在根据第一手资料开展的经验论工作上。这些资料有全套《阿毛塔》杂志（1926 ~ 1930 年），全套《劳动》半月刊，1994 年为纪念马里亚特吉一百周年诞辰出版他的全部著作《马里亚特吉全集》时收集的他的书信档案，以及 1911 ~ 1919 年马里亚特吉在报纸上发表的文章。为了分析《阿毛塔》杂志的内容，我们对 32 期杂志做了卡片，卡片包括将近 1200 条记录。这使我们掌握了关于杂志分类内容的基本数据，成为我们做分析时的经验论参考。

书后附了一些资料，我们觉得对于准备研究这个课题的人来说，这些资料是重要的研究工具。在附录一里，我们收入了秘鲁社会党成立纲领，那是马里亚特吉亲自撰写的，已成为一件重要的历史文献。在附录二里，我们全面总结了马里亚特吉的著作，按题目、发表日期和最初发表的媒体，为他的报纸文章、诗歌、戏剧和新闻报道等列了一个清单。在附录三里，我们列出了一个《阿毛塔》杂志的内容清单，包括内容涉及的次数。附录四是《阿毛塔》杂志全部作者的名单。这些资料是在研究过程中，作为我们工作的一部分而准备和整理的。

我们希望本书能够在读者中激起了解马里亚特吉著作的兴趣，并且为这个课题的调查者和研究者的研究做一点贡献。此外，如果本书研究中使用的内容分析法对于将来的研究有些价值，那么也就充分证明了它存在的意义。

目　录
CONTENTS

第一部　马里亚特吉的理论与实践：重建秘鲁国家

第二部　理论与实践统一总体构想中的新闻

第一部

马里亚特吉的理论与实践：重建秘鲁国家

第一章 智力和政治修养

“我的思想和我的生命构成一个整体，形成一个统一的过程。如果说我期望某种优点并要求承认我这种优点，那就是将我的全部心血都倾注在我的思想之中。这个优点也符合尼采的一项原则。”

何塞·卡洛斯·马里亚特吉①

关于何塞·卡洛斯·马里亚特吉的一生和著作的这句导言的目的，并不是简单地讲述传记或历史编纂学的情况，而是试图根据他在特定历史背景下的政治作为再现他的政治思想，同时试图不是根据一种“可应用于”或“应用于”一种特定的历史现实的马克思主义，而是根据理解为一种不断发展的理论框架来解释他的政治作为。这种理论框架不仅说明一种社会和历史整体，同时又是整体的一部分。

从这种意义上说，我们觉得必须指出，马里亚特吉主要是他那个时代的人，他特别强烈地经历了发生于 19 世纪末和 20 世纪初的那些深刻的社会变化。他认为，理论是一种将现实抽象化的持久努力，推动人们对自己提出要求：必须从简单的现实上升到解释现实的高度。但是这些抽象，即对现实的解释，应该随后在实践本身，在社会现实本身中证明是正确的。因此，何塞·卡洛斯·马里亚特吉的理论—政治修养中存在

① 《关于秘鲁国情的七篇论文》之“前言”，载《马里亚特吉全集》，利马，阿毛塔出版社，1994 年。

着两个重要方面，即实践与理论；其内容从他一生的某个时刻开始，走向作为科学方法的马克思主义，因为他的理论和实践在持久的相互作用和思想创建的复杂运动中是紧密结为一体的。而这种思想正在创建一个国家，即秘鲁国家，正在创建一种大陆思想的框架，即拉美的马克思主义思想。这种拉美的马克思主义思想具有其民族、历史和文明的特性，但同时置身于人类普遍的历史进程之中。

关于马里亚特吉的修养，存在着两种非常牢固的修史态度。第一种教条式地采用马里亚特吉亲自给自己青年时期取的名字，叫“石器时期”，提出从1919年他旅欧和接受马克思主义开始，有过一次彻底决裂。意思是说，他的一生有两个阶段，即以带有赞美贵族品位强烈成分的现代主义写作为标志的前革命者阶段，以及逗留欧洲时开始的革命者阶段。第二种修史方法试图肯定他是一位持久的革命者，一位早熟的反对派，在这些反对态度中可以看出革命者的立场。

抛开这两种方法不谈，我们想说，在马里亚特吉的智力和政治修养中，存在着决裂和连续因素。在本章研究的他一生的各个阶段中，[①] 我们将着重说明，在青年时期的马里亚特吉身上，已经存在着后来在他成熟时期表现得更加清楚和自觉的因素，这些因素在青年时期就已出现，只是不太连贯和系统。同时，我们要特别指出关键性的决裂，因为这代表着他修养过程中质的飞跃，表明一种深刻辩证的变化，在这种变化中，理论和实践再次成为最重要的两个因素。

本章旨在说明，《阿毛塔》杂志的经历是理论与实践相统一观念的题中应有之义，它不仅仅是工会和政治杂志，而且跻身于诸如艺术、文学和文化等最广泛的人类精神活动范围。在以下篇幅中，我们将讲述证明这个观点正确的背景。

---

① 为了说明马里亚特吉的修养和行动的这种按阶段的划分法，是我们为了本项研究的目的、为了突出我们认为重要的方面而采取的，虽然在很大程度上，这种做法可能与现有关于马里亚特吉的其他分类法相似。

1.1　人文修养

何塞·卡洛斯·马里亚特吉 1894 年 6 月 14 日生于莫克瓜城。母亲阿马莉亚·拉奇拉是个寒门妇女，为人家缝制皮革和衣物。父亲弗朗西斯科·哈维尔·马里亚特吉·雷克霍是个自由派家庭的贵族青年。父母共生育七个孩子，他是第六个，但只有三个成活下来，前四个出生不久就夭亡了。因母亲本身身体不好，何塞·卡洛斯出生时身体很弱，年纪很小时又得了结节性关节炎，这个病使他的身体越来越坏。八岁时，因关节炎和身体衰弱，腿上出了一次严重事故，马里亚特吉被迫在一年级时中途辍学。靠着当时做缝纫的母亲的顾客的帮助，何塞·卡洛斯·马里亚特吉随家人一起迁居利马，在法国慈善机构的医院"疗养院"住了将近四个月才得以痊愈，接着在医院房间和走廊及家中简陋房子里度过了两年多的康复期。在最初几个月中，马里亚特吉与经常来医院的法国"朋友"和在母亲为养家糊口而打工的漫长时间里照看他的圣何塞·德克鲁尼修道院的修女们有着日常接触。这种经历使马里亚特吉的品格和人文修养具有了两个重要因素：[①] 强化了母亲灌输的宗教信仰，这种信仰到他青年时期已成为有威望的记者时就表现出来；同时引起他对欧洲文化的极大好奇，培养了他的世界主义精神。让我们回忆一下：马里亚特吉在 16 岁写的第一篇简讯题目就叫《马德里简讯》，他从未踏上过西班牙的土地，却冒充记者从马德里撰写这座城市的日常生活；还有，在他还是孩童时，就从母亲用作缝纫工具的时尚杂志上自学法语了。

因身体虚弱，又有一条腿最终萎缩，不能上学，小马里亚特吉就如

① 路易利翁（1975 年）认为，这段经历从三个完全明确的视野对马里亚特吉幼小的心灵产生了深刻影响：家人给予的本地主义视野，从法国朋友的故事里感受到的世界主义视野，以及来自在医院照看他的修女们的神秘主义和宗教视野。见吉列尔莫·路易利翁《何塞·卡洛斯·马里亚特吉的英雄的创造》第一卷·石器时期（1894～1919），利马，阿里卡出版社，1975 年。

饥似渴地阅读到手的任何书籍，还表现出对诗歌和文学的特殊兴趣，并试着写短小文章和诗歌。他就这样开始了自学的道路，热情地维护自学身份的名誉："我是自学者。我在利马上过一次人文科学学校，可唯一兴趣是听一位博学的圣奥古斯丁教派信徒的拉丁文课。我在欧洲随便上过一些课，可始终没有下决心失去我的大学校外人，而且或许甚至是反对上大学者的身份。"① 他那了解当地和世界社会及政治事件的早熟的兴趣，表现在系统地阅读利马报刊上，这是他用自己微薄的月薪或家里朋友的些许捐助订阅的。

少年和青年时代，何塞·卡洛斯深切地感受到对立的两极之间的矛盾，一极是身份卑微、出身农民的母亲，一极是身为西班牙人后裔的贵族父亲那宽阔的、几乎神话般的形象。他从没见过自己的父亲，母亲不止一次地忍受了丈夫的抛弃，对他的真实姓名守口如瓶。②

1.2 新闻工作和对了解当代重大社会及政治事件的关切

这个阶段，何塞·卡洛斯·马里亚特吉稳固了作为记者的身份，新闻活动促使他撰写内容五花八门的文字，加深了他的人文修养和对文学、艺术及文化的兴趣。他参加过文学界一些放荡不羁的活动，这提供了一个对于他的智力修养非常重要的思考和互相影响空间，而身为利马记者社团领导成员积极的记者活动，又使他有了超出个人对自己职业看法的集体性政治经历。必须强调指出，在这青年岁月，马里亚特吉通过参加深刻批判从殖民地继承的美学标准的"科洛尼达"运动，表现出明确的

① 见何塞·卡洛斯·马里亚特吉 1927 年 1 月 10 日寄给阿根廷杂志《文学生活》社长、作家恩里克·埃斯皮诺萨（萨穆埃尔·戈鲁斯伯格）的信。

② 据吉列尔莫·路易利翁说，很晚才发现马里亚特吉父亲的真实姓名。甚至连马里亚特吉真实的出生日期（1894 年 6 月 14 日）都是路易利翁在莫克瓜城圣卡塔利娜教区颁发的出生证上发现的。马里亚特吉本人一直认为自己出生于 1895 年。

反对资产阶级精神。这表明存在着一种与保守的文学传统决裂，而且不仅寻求新内容也寻求新的表现形式的反对者的态度。

将近15岁时（1909年2月），马里亚特吉开始了新闻生涯，在《新闻报》[①] 里当了一名印刷工。尽管他身体衰弱，腿脚又瘸，但他非常敬业，每天坚持工作14个小时左右，很快在同行中脱颖而出。没有几个月时间，他就升为铸排工助手，担负起责任更大的工作。那个时期，印刷工人中盛行着无政府主义，马里亚特吉接触到无政府主义理论思考的中心和曼努埃尔·冈萨雷斯·普拉达的思想，怀着极大兴趣关注着同行中开展的辩论和讨论。他结识了冈萨雷斯·普拉达和他的儿子阿尔弗雷多，并和这个年轻人有了一段亲密持久的友谊。与冈萨雷斯·普拉达一家的这层关系，为马里亚特吉青年时期的智力修养打开了新天地，使他系统和深入地阅读了当代诗歌和叙事作品，并与当时秘鲁知识界最有代表性的人物建立了联系，这使他扩展了自己的人文修养。但是，马里亚特吉将冈萨雷斯·普拉达作为文人，而非秘鲁无政府主义的主要意识形态者和理论家来敬仰。后来，他曾就此写道："……如果说我们对冈萨雷斯·普拉达的许多思想感到遥远，但对他的精神却不感到遥远"，[②] 突出表明他是因冈萨雷斯·普拉达的文学作品，而不是因他的无政府主义政治主张而敬仰他。

有人指控《新闻报》煽动了针对奥古斯托·B. 莱吉亚政权的失败的政变，[③] 于是政府封闭了该报，马里亚特吉就此失业14个月。之后，他重新干起了铸排工学徒的工作，这份差事使他得以接触著名记者的文章，并且冒昧地修改起来，先是修改语法错误，后来是文风错误。马里亚特吉解释说："我从小对智慧感到崇拜，这使我认为，无一例外，所有作家都有着过人的博学才能。在我看来，任何能在报纸上发表所写东西的人都是某种超人……可是，自从轮到我在印刷车间改正某些不可原

① 1903年9月由佩德罗·德奥斯玛创办的自由派倾向日报，1909～1912年他一直坚持反对奥古斯托·B. 莱吉亚政府。

② 《阿毛塔》，第16期，1928年，第14页。

③ 1909年5月29日，伊萨亚斯·德彼罗拉领导的一群人突然闯进总统办公室，囚禁了共和国总统奥古斯托·B. 莱吉亚。政变图谋很快被粉碎，《新闻报》领导人员旋即被逮捕，报纸被查封。

谅的语法错误那一天起，我便开始对作家怀疑起来。”①

不久之后，马里亚特吉开始在《新闻报》编辑部承担了几项管理工作，如接收撰稿人的原稿，接受读者的来信和投诉，草拟要采访的事项和报告等。如前所述，不久，他以《马德里简讯》为题偷偷发表了一篇自己写作的纪事文章。这是一篇谈论西班牙共和派政治的文章，文风优雅、有趣，以略带轻浮的笔调描写了“在那座漂亮和欢快的西班牙首都引起人们谈论的……所有那些最有趣和最迷人的事情”，② 署名是笔名胡安·克洛尼科乌尔。报社社长胡安·乌略亚立即进行广泛调查，要查出谁违反了报社的管理制度。当这个铸排工学徒在负罪感的压力下承认错误时，社长更加激怒。乌略亚不相信马里亚特吉招认的话，决定要他停职。自责的马里亚特吉只好用同样优雅精致的文风写了一封致歉信，并亲笔签上自己的名字，社长才接受了这个年轻人的说法。他又高兴地重新干起了报社的工作，但得到明确禁令，未经社长事先允许，不得发表任何文字。这件表明马里亚特吉杰出才能的小事，是在他16岁开始记者生涯时发生的。从那时起直到生命终点，他一直在发表文字，留下了大量新闻作品。

最初在《新闻报》印刷车间当工人，后来做职员，最后成为记者，这几步构成了马里亚特吉智力修养的最重要经历。这种经历使他得以在一种丰富的文化和艺术活动气氛中，参加谈论艺术、文学和政治的长时间的茶话会和讨论会。那种气氛深受现代主义的影响，因为现代主义作为一场与现存的美学价值决裂的激烈运动，是以一种源于民众文化的强烈的反对精神进入拉丁美洲的。而那种民众文化，则是在一种激烈的政治动荡气氛中，从新兴的城市无产阶级中诞生的。墨西哥壁画是这场运动最具创造性和革新性的表现之一，它具有明确的反殖民主义精神和深刻的墨西哥根基，因此具有世界意义。

在鲁文·达里奥和恩里克·罗多启发下形成的秘鲁现代主义，创造出

---

① 引自吉列尔莫·路易利翁《何塞·卡洛斯·马里亚特吉的英雄的创造》第一卷·石器时期（1894~1919），利马，阿里卡出版社，1975年，第88页。

② 引自《马德里简讯》1911年2月24日。

一种异常活跃的智力氛围，秘鲁文化重要的代表人物加入其中，如曼努埃尔·冈萨雷斯·普拉达、费德里科·莫雷、阿夫拉姆·巴尔德洛马尔、恩里克·布斯塔曼特·巴利维安、费利克斯·德尔巴列、安东尼奥·加兰、亚历杭德罗·乌莱塔、塞萨尔·法尔孔、巴勃罗·阿夫里尔·德比维罗、莱昂尼达斯·耶罗维等。那个时期，马里亚特吉如饥似渴地阅读乌纳穆诺、阿索林、鲁文·达里奥、加西亚·卡尔德隆、戈麦斯·卡里略、阿马多·内尔沃、帕斯科里、邓南遮、奥斯卡·王尔德、马拉梅、阿波利奈尔、魏尔兰、苏利、海涅、巴列·因克兰、古斯塔沃·阿道弗·贝克尔等世界文学作家的作品。[①] 他接触并系统地阅读国际报刊，参加《新闻报》领导层的会议，这些会议成为分析国内现实的一个重要场所，具有强烈的批判性。[②] 年轻的马里亚特吉怀着极大热情参加的利马文化生活，在学术界内外开展得非常活跃。在那些日子里，经常有文学咖啡会、戏剧演出、讨论会，而且都在不断地为茶话会和文学聚会寻找新的形式和空间。

20岁时，马里亚特吉已经是利马城里一位颇有声望的年轻记者，他全身心地投入自己的职业中。他定期在《新闻报》上写文章，甚至担任了议会记者，这个职位使他可以更加深入地理解秘鲁和世界的政治进程。除此之外，他还为以下杂志撰稿：文学、时尚和新鲜事周刊《利马界》；劳尔·波拉斯·巴雷内切亚和吉列尔莫·卢纳领导的刊物《拉丁人的灵魂》（这两人都是圣马科斯大学文学系的学生）；赛马周刊《赛马》（这份刊物在喜欢这项活动的利马贵族中发行很广，马里亚特吉甚至成了它的一位副社长）；还有诸如利马夸夸其谈的杂志《绵毛狗》（*LuLú*）等一些小刊物。

由于为利马报纸撰写一个主要栏目的这位记者年纪不大，马里亚特

---

① 吉列尔莫·路易利翁《何塞·卡洛斯·马里亚特吉的英雄的创造》第一卷·石器时期（1894～1919），利马，阿里卡出版社，1975年。

② 参加这些会议的有《新闻报》社长阿尔韦托·乌略亚，以及路易斯·费尔南·西斯内罗斯、何塞·马里亚·德拉哈拉－乌莱塔、莱昂尼达斯·耶罗维、恩里克·卡斯特罗·奥扬古伦、费德里科·拉腊尼亚加、费德里科·布鲁梅等在秘鲁公众舆论中有巨大影响力的记者。参见吉列尔莫·路易利翁《何塞·卡洛斯·马里亚特吉的英雄的创造》第一卷·石器时期（1894～1919），利马，阿里卡出版社，1975年，第39页。

吉的才华在这时就已令人非常敬佩而又茫然不解，下面引用的话就表明了这一点：

> 知道《时代报》的“呼声”栏是谁写的吗？
>
> 一个20岁的可怜的小瘸子，胡安·克洛尼科乌尔。
>
> 这黄口孺子真够有才的！[①]

马里亚特吉借助新闻业开展了作为作家的紧张活动，直到他的岁月终结，这种状态一直陪伴着他。他随时随地在写，几乎是强制性地写。他写的题材像他掌握的文体一样多：文学和艺术批评、短篇小说、诗歌、简讯、随笔、剧作等。他在当时的智力氛围中吸取着营养，也受到某种贵族轻浮举止的诱惑，他最谨慎的传记作家吉列尔莫·路易利翁解释说，那是他在不自觉地追寻他没有见过面的父亲。马里亚特吉自己把做记者的这段最初岁月说成“我受处于顶峰的世纪末颓废主义和拜占庭主义毒化的文人的最初试探”，[②] 但在我们看来，却是马里亚特吉人文修养的重要基础，因为这使他接触到西方文化最具代表性的流派和思潮，同时使他发挥了批评的才能，而这种才能后来使他对于马克思主义及其创造性和人文意义有了更加广泛的理解。

22岁时，马里亚特吉加入了“科洛尼达”团体，[③] 该团体出版一份同名杂志。以阿夫拉姆·巴尔德洛马尔为领袖的这群年轻文人，代表了一场反对本国文学的美学标准和价值观，揭露其殖民地精神和对西班牙文学的平庸仿效，呼唤新的美学模式的革新运动。这场运动将曼努埃

---

① 弗洛伦蒂诺·阿尔科塔：《乒乒－乓乓》（Triqui－traques），载《蚊子》杂志，利马，1916年7月29日。引自吉列尔莫·路易利翁《何塞·卡洛斯·马里亚特吉的英雄的创造》第一卷·石器时期（1894～1919），利马，阿里卡出版社，1975年，第154页。

② 1928年1月10日写给萨穆埃尔·戈鲁斯勃格的自传体书信，见《马里亚特吉全集》，利马，阿毛塔出版社，1994年。

③ 团体成员有阿夫拉姆·巴尔德洛马尔、珀西·希夫松、何塞·马里亚·埃古林、恩里克·布斯塔曼特－巴利维安、奥古斯托·阿吉雷·莫拉莱斯－莫雷。

尔·冈萨雷斯·普拉达的作品当作主要灵感源泉之一，正像数年以后，何塞·卡洛斯在智力上已经完全成熟，并具有了深刻的批评精神时所说，“……科洛尼达团体的人从冈萨雷斯·普拉达那里学到了他们最不需要的东西。他们喜欢冈萨雷斯·普拉达身上具有的贵族的、高蹈派诗人的和个人主义的东西；却无视冈萨雷斯·普拉达身上具有的鼓动家和革命者的东西”。[①] 尽管“科洛尼达”是一场带有某种个人主义赶时髦癖和明确不问政治的无政府主义运动，但也表现出一种反对统治着秘鲁知识界和文学界的保守和寡头影响的精神。

当《新闻报》抛弃了自己的自由派方向，转而维护何塞·帕尔多的寡头政府时，何塞·卡洛斯·马里亚特吉决定离开这家日报。他在新创办的《时代报》[②] 继续自己的新闻活动，负责“呼声”这个政治专栏，该专栏成为国内拥有最多读者的栏目之一。此外，他还在文学版面撰写简讯以及戏剧和文学评论文章，后来他与塞萨尔·法尔孔一起负责这个版面。与此同时，他还是赛马周刊《赛马》和《晚报》（日报）的副主编。他曾获得利马报人社团颁发的数个奖项，这证明了他的威望为人们所承认。

他在正当青年之际的第一次求学经历，是进入刚刚创建的秘鲁天主教大学学习拉丁文和经院派哲学。促使他这样做的不是严格的求学兴趣，而是他对圣奥古斯丁派教士何塞·贝莱斯的兴趣和敬仰，并与其成了亲密朋友。但是，他很快就对在学校占主导地位的那种保守和贵族气氛感到失望，最终离开学校，更加坚定了自己自学成才的精神。与此同时，他的叛逆精神逐渐具有了更多的社会和政治内容，这是因为他接触了学生运动和工会运动。此时的学生运动正经历着创建秘鲁大学生联合会的萌芽时期，而工会运动则为了改善新兴的城市工业无产阶级的劳动条件，正在全国各地开展激烈的斗争。

① 何塞·卡洛斯·马里亚特吉：《关于秘鲁国情的七篇论文》，载《马里亚特吉全集》，利马，阿毛塔出版社，1994。

② 1916 年 7 月 14 日创办的莱吉亚派倾向的日报。

1.3 1919年的社会斗争和《理性报》

1918年，在维克托·毛尔图亚[①]的指引下，马里亚特吉开始最初学习社会主义。毛尔图亚成为一群知识青年的导师和理论领袖，这群青年中有塞萨尔·法尔孔（年轻记者，后来成了马里亚特吉在知识界和政治上的伙伴）、费里克斯·德尔巴列、塞萨尔·乌加特、珀西·希夫松和阿尔韦托·乌莱塔等。在1917年俄国十月革命政治气氛的鼓舞下，这群青年开始阅读黑格尔、恩格斯、柏格森、乔治·索雷尔、安东尼奥·拉布里奥拉[②]、乌纳穆诺、阿拉基斯坦、巴比塞、罗曼·罗兰、杰克·伦敦[③]的作品，将改造世界的必要性和对理解人类在那个历史时期经历的重大革命事件的极大兴趣，置于"这群社会主义命题的读者"[④]讨论和辩论的中心。一种新的、明确是社会主义方向的政治觉悟在这群青年中逐渐形成，并使他们逐渐摆脱了20世纪最初20年间在知识界和政界有巨大反响的无政府主义影响。不久之后，这群学习社会主义的青年成立了"社会主义委员会"，委员会试图成为向创建一个政党过渡的组织形式，并提出必须推进无产阶级的政治行动，以及"与人民及其实际需要打成一片，以便理解他们、教育他们和提高他们的文化和社会水平"。[⑤]这样一来，这群人便与直到当时深刻影响着工会运动的无政府主义派别明确地划清了界限。于是，马里亚特吉作为"社会主义委员会"领导小组的成员，开始了社会主义的战斗生活。

---

① 维克托·毛尔图亚（1867~1937），秘鲁杰出法学家、记者和大学教授，其家乡伊卡省众议员，曾任何塞·帕尔多政府财政部长。

② 安东尼奥·拉布里奥拉，意大利社会党领袖。

③ 杰克·伦敦（1876~1916），美国社会主义作家。

④ 吉列尔莫·路易利翁对他们的称呼。

⑤ E. 罗加的证言，参见吉列尔莫·路易利翁《何塞·卡洛斯·马里亚特吉的英雄的创造》第一卷 ·石器时期（1894~1919），利马，阿里卡出版社，1975年，第230页。

1918 年年中，何塞·卡洛斯与其他几个社会主义方向的知识青年一起，在《西班牙》周刊[①]的启发下，出版了《我们的时代》杂志。《西班牙》周刊（马德里，1915～1924 年）由何塞·奥尔特加－加塞特创办，后来由路易斯·阿拉基斯坦[②]领导，撰稿者有米格尔·德乌纳穆诺和拉蒙·德尔巴列·因克兰等鼎鼎大名的人物。《我们的时代》在《时代报》（就是马里亚特吉作为专栏作家工作的那家日报）的印刷车间印制，引起该报领导成员的极大不快，以致不久之后，他们不允许继续印制该杂志，结果它只出版了两期。

《我们的时代》杂志只是昙花一现，而且每期只有 8 页，但它代表了马里亚特吉独立报业生涯的首次尝试，其宗旨是分析本国现实和提出一个“革新时代”的概念，并要求“青年在效力公众利益方面发挥作用”。[③] 在年轻的马里亚特吉的政治觉悟里正在发生一次决裂，因为他在经过七年报业生涯后，第一次放弃了胡安·克洛尼科乌尔这个笔名。这是与他对贵族美学标准和价值观的迷惑的决裂，使他脱离了曾定期撰稿的诸如《赛马》和《绵毛狗》那些轻浮刊物，转而热情寻求新的工具和方法，来理解世界各地区发生的社会现象和革命事件。

1. 八小时工作制

1918 年年底，在利马工业区比塔尔特，纺织业工人发起罢工，要求增加工资 50%，规定八小时工作制，卡亚俄的海上和港口工人几年前已经得到这些权利。这次行业罢工很快扩展到其他工业部门和利马的其他无产者，还得到学生运动和秘鲁大学生联合会的支持。联合会积极参加制定斗争措施（如准备总罢工），并任命三名大学生为罢工委员会代表，其中有维克托·劳尔·阿亚·德拉托雷。面对总罢工准备工作掀起的越来越大的政治动员，何塞·帕尔多政府对罢工运动采取了激烈的镇压行

---

① 这份社会主义方向的杂志反映了欧洲革命觉悟的提高，采取了强烈反对君主制的立场。它在汇聚在导师维克托·毛尔图亚周围的社会主义青年中有很大影响。

② 路易斯·阿拉基斯坦，职业领航员，最初是自由派，后来加入西班牙社会党。

③ 引自《我们的时代》第一期编者按，署名为何塞·卡洛斯·马里亚特吉和塞萨尔·法尔孔。

动，结果造成三名工人死亡，数百人受伤。作为对如此残酷镇压的回应，事先组成的罢工协调机构——支持罢工执行委员会向政府发出最后通牒，最后于1919年1月13日爆发了48小时的总罢工。尽管企业主阶层通过大量发行的传统保守报纸和传单开展了意识形态行动，指责罢工者破坏公共秩序和散布布尔什维主义，但这个有力措施得到了广大社会阶层甚至公共舆论的支持。

马里亚特吉通过《时代报》的“呼声”专栏，完全支持工人运动的斗争，并且与他的同行塞萨尔·法尔孔一起，将这份报纸变成报道和宣传工人及罢工要求的主要手段之一，从而在国内和世界上形成一场广阔的拥护社会主义思想的行动。帕尔多政府做出激烈反应，在总罢工开始那一天封闭报纸，并指责它“煽动民众阶层的情绪，毫无顾忌地挑动极端做法……”①

罢工得到各个工业部门的广泛响应，造成首都电力、基本供应和交通中断，随后被迫全部瘫痪。不能再发表“呼声”专栏，马里亚特吉便积极参加罢工行动，系统了解事态，就斗争的战略和策略与罢工领导人交流看法，到各委员会通报情况，密切了与工人们的联系，工人们亲切地称他“小瘸子”。

1919年1月15日，帕尔多总统抵挡不住罢工激起的民众的强大压力，发布政令，在国有工场和机构中实行八小时工作制，而在私人工场和机构中，限定为八小时的工作制须经企业主、实业家或管理者与工人互相协商来确定。② 而卡亚俄港的工人早在1913年就已得到这项权利了。③

这里应该特别指出，争取八小时工作制是早年秘鲁工人运动史上的一

---

① 参见登载政府通告的关于封闭《时代报》的报告，该题目为《总罢工》，《商报》1919年1月14日。引自吉列尔莫·路易利翁《何塞·卡洛斯·马里亚特吉的英雄的创造》第一卷·石器时期（1894～1919），利马，阿里卡出版社，1975年，第239页。

② 豪尔赫·巴萨德雷：《秘鲁共和国历史》，第十二卷，1970年，第488页。

③ 1913年1月13日，比林古尔斯特总统颁布政令，在卡亚俄湾实行八小时工作制，具体时间为一年工作日中，上午7点～11点，下午1点～5点。

项无政府主义权利要求，自从1905年起，“秘鲁之星”面包工人联合会就把它当作口号写进了自己的原则声明。1912年，在卡亚俄港短工联盟和设在利马的秘鲁地区工人联合会的权利要求书上，再次开展了这种斗争，[①]并成为1913年和其后1916年国内各地爆发的罢工的斗争旗帜。以1919年1月总罢工而告终的这一进程，是秘鲁无政府工团主义的重大成绩之一。在这个阶段中，无政府工团主义通过绝对自由派的培训和政治讨论团体，在工会运动内部开展了一场宣传和意识形态培训工作。这些团体有：出版《抗议报》的“真理战士”（Luchadores por la Verdad），出版几种宣传工团主义小册子的“光明与爱”小组，以及“5月1日社会主义中心”（该团体成立于1907年，后来形成“5月1日社会研究中心”）。

对于正在开展自己最重要斗争之一的秘鲁无产阶级来说，1919年具有关键性意义。一方面，它号召新兴工业无产阶级中纺织业和其他行业的工人参加斗争，开始走上将工人斗争统一起来并在数年之后组成秘鲁总工会的漫长道路，同时与学生运动等其他社会阶层建立合作。另一方面，它开始了培养工人运动觉悟的进程，而工人运动的开展体现在人民大学这样极其丰富的经验中。[②] 在此之前，无政府主义对秘鲁工人运动的组织和觉悟培养具有重要影响。

这一阶段，马里亚特吉的修养建立在第一次世界大战前欧洲社会主义、工团主义和无政府主义的著作上，正如他本人后来指出的：“……通常在我们之间流传的是昔日社会主义的、工团主义的和绝对自由派的书籍。”[③]

马里亚特吉自1918年11月就是社会主义宣传委员会的成员，这个委员会内部面临着将决定其未来的大辩论。首先，它提出，应马里奥·

① 豪尔赫·巴萨德雷：《秘鲁共和国历史》，第十二卷，1970年，第486页。

② 1919年在库斯科举行的秘鲁学生联合会第一次全国代表大会决议组建人民大学。随后在1921年，以维克托·劳尔·阿亚·德拉托雷为首的一群学生领袖，在利马创建了“冈萨雷斯·普拉达人民大学”。

③ 马里亚特吉在“冈萨雷斯·普拉达人民大学”的第一次演讲，发表于《世界危机与秘鲁无产阶级》，见《马里亚特吉全集》，利马，阿毛塔出版社，1994年。

布拉沃领导的阿根廷社会党的邀请，参加第一次泛美社会主义工人国际会议（Primera Conferencia Socialistay Obrera Panamericana）。对参加会议规定的条件是，“坦率而坚决地拥护工人国际（Internacional Obrera）的根本原则，即生产和交换资料社会化，无产阶级夺取国家权力，劳动者国际联合与阶级斗争”。实际上，是要拥护社会党第二国际（Segunda Internacional Socialista）的原则，而阿根廷社会党是它的成员，所以才推动了这次泛美会议。马里亚特吉反对社会主义宣传委员会参加这次会议，质疑阿根廷社会党的领导地位，维护维多里奥·柯都维亚和鲁道夫·吉奥尔迪领导的国际社会党（Partido Socialista Internacional）的革命行动。后来到 1919 年 4 月，国际社会党参加了列宁创建的第三国际。

再者，它提出应该将社会主义宣传委员会变成秘鲁社会党的利马分部。马里亚特吉表示反对这个建议，坚持认为委员会还没有做好成为政党的准备，应该仅仅从事宣传工作，直到社会主义思想充分、决定性地在群众中扎下根基，再组建社会党。然而，马里亚特吉一派输掉了这场政治战役，1919 年 5 月 1 日，委员会变成了党，并把将成为在全共和国组建社会党的原则声明和政治纲领公之于众。同时决定，派一位代表参加将在阿根廷举行的泛美社会主义会议。面对这种情况，马里亚特吉最后决定退出委员会。

1919 年 5 月建立的这个社会党，毫无群众基础，与工人运动也没有实际联系，而且脱离工人运动的斗争，公开撤销对当年 5 月总罢工的支持，所以只是昙花一现，成立几个月后即告解体。

2.《理性报》

1 月总罢工结束，《时代报》在封闭 10 天后重新开办，马里亚特吉和塞萨尔·法尔孔建议买下报纸，这样他们就可以决定报纸的编辑路线，寻求在更好的条件下开展独立的、更加符合社会主义思想的报业活动，而马里亚特吉和他的政治学习小组对社会主义思想的认识刚刚入门。但是，这个建议在任何前提下都不会为人所接受，因为这份报纸是由与新生工业资产阶级有联系的政治阶层资助的，它的主要兴趣是围绕必须巩固奥古斯托·B. 莱吉亚的共和国总统候选人地位。因此，它的办报路线是既反对何塞·帕尔多的文官主义政府，也反对向群众运动和人民斗争开放版面，虽然这些运动和斗争削弱了帕尔多政府。所以，它既要拒绝马里亚特吉的建议，又要利用这位年轻报人辛辣、讽刺和尖锐的分析来攻击文官主义政府，从而达到报纸当时的目的。面对购买《时代报》的建议被拒绝，马里亚特吉和法尔孔立即放弃了这家报纸，决定自己创办一份新报纸，以便能够以更大的政治和意识形态自由来坚持自己的社会主义方针。

1919 年 5 月 14 日，在包括伊萨亚斯·德彼罗拉在内的一群自由派政治家的支持下，靠着德彼罗拉的朋友、一位姓托鲁埃利亚的古巴商人的借款，[①]《理性报》诞生了。那时，利马只有很少几家印刷厂，愿意印制由马里亚特吉和塞萨尔·法尔孔这样激进报人领导的报纸的更是少而又少，因此，找到一家接受这个新计划的印刷厂成了困难的事情。最后，与利马大主教达成一项合情合理的协议，签订了一份在他的印刷设施里印制《理性报》的合同，但明确承诺，新报纸不得攻击教会。

办报小组由马里亚特吉和塞萨尔·法尔孔领导，同时有几位“社会主义宣传委员会”的不同政见者，地点设在利马市中心一间很小的办公室里。打字机太少，报人们不得不轮流写稿。为了避免与《商报》《新闻报》《时代报》等早晨出版的大报竞争，《理性报》最初是晚报；印数也很少，每天 500 份左右；开本仅限于大主教的印刷厂所能提供的基本资源。但是，主编们的威望已经在利马引起对这份新晚报的极大期待，因此，它的问世引人注目，正如马里亚特吉本人所说：

> 这种健康的、良好的志向，把我们带到了直到三个月前让我们的语言和我们的思想留宿下来的那间房子和那份报纸（……）那时候我们比现在年轻。说那时候更年轻就是说更喜欢幻想……那时候

① 吉列尔莫·路易利翁：《何塞·卡洛斯·马里亚特吉的英雄的创造》第一卷 ·石器时期（1894～1919），利马，阿里卡出版社，1975 年，第 265 页。

> 我们觉得，那样想怎么写就怎么写挺好。但我们很快沮丧和伤感地感到，在那间房子和那份报纸，我们不能自在地生活。我们逐渐明白了，那不是我们的家。我们觉得，我们在那里没有氧气，没有光明，没有任何乐趣（……）我们深知，那间房子不是我们的房子，那份报纸不是我们的报纸，于是有一天，我们封了如此忠诚地为我们服务的勤快的、守纪律的与合作的打字机，离开了那里。我们的放弃不可能仅仅是放弃，而必然是决裂。也不可能仅仅是决裂，必然是分裂，而且必然是响亮的分裂（……）所以，现在我们在这个栏目写作。栏目是另一个栏目。报纸是另一份报纸。印厂是另一家印厂。办公室是另一间办公室。甚至连打字机，虽然是很美国式的“安德伍德牌”（Underwood），而且很勤奋，但也是另一台打字机了（……）不过，我们还是那些人……①

马里亚特吉就这样说明了他离开《时代报》的原因，那不仅是简单的放弃，而是与当时利马土生白人环境中那种办报精神的决裂。实际上，《理性报》不仅意味着一种新办报风格的开始，而且具有了新内容，意味着一种深深植根于民众、工人和学生斗争的新活力，从而给秘鲁新闻业赋予了新的意义，成为第一份在秘鲁全国发行的左派报纸。同时，它也是马里亚特吉社会主义修养中一个重要的学习场所，使他体验到了社会斗争本身的活力。

在《理性报》第一期的“编者按”中，马里亚特吉和法尔孔两位主编说明了报纸的宗旨和目的：

> 本报的出版不是为了一时的选举利益。本报希望在秘鲁新闻界取得永久性地位，并在新闻界内保持自己的个性。它在一个政治选举的动荡时刻问世纯属巧合（……）《理性报》与争斗中的任何一

---

① 何塞·卡洛斯·马里亚特吉：《我是……那个人》，载《理性报》第一期，“声音”专栏，利马，1919年5月4日，见《马里亚特吉全集》，利马，阿毛塔出版社，1994年。

派都没有联系。它具有绝对的独立性，不带这种或那种党派性的小小偏向来观察极其严重的政治问题（……）一种爱国理想的牢固的一致性、一种高尚的职业热情、一种坚定的斗争渴望和一种纯洁的理论信仰精神将我们聚集在一起，让我们共同承担起创办本报这项事业（……）我们的根本目的在于以观念和言论的高度来观察一切事件和一切状况，在于永远讲真理，在于通过最实际的途径找到真理，在于揭露我们政治—社会制度中的弊端并向其开战，在于为我们的人民如此渴望的民主时代的到来而工作，在于使我们不受通常成为土生白人标准出发点的那些偏见的影响，在于在不忘却本国现实的前提下，传播目前震撼世界人心并筹备人类未来世纪的那些思想和学说……①

必须强调指出《理性报》在第一期发表的原则宣言中的三个要素。第一点要指出它的政治独立性和非党派性。这使它具有自己的个性，寻求超越日常政治事件的暂时利益，尽管我们在分析马里亚特吉在这份报上发表的文章中看到，它既不逃避也不置身于事件之外。这是一种寻求深入分析政治事件，以便能够更深入地理解这些事件的立场。这标志着与当时存在的那类报纸的第一个差别，因为从创办和信仰方面来说，那类报纸通常都与某个特定政党有关联。

第二点是学说和爱国理想的承诺，报纸清楚明确地将这个承诺当作创办这个新闻项目的要素。从这个意义上说，它主张的政治独立性与它的学说承诺并不矛盾。《理性报》没有提出自己是一份超然物外的、没有任何学说的，因此是庸俗地独立的报纸，而提出自己是一份政治上独立，同时学说上有承诺的、有斗争精神的报纸。就是说，是一份与某种特定学说有承诺的报纸，因此，它在主要是资本主义的社会制度中清晰地分析政治事件时是独立的，因为它置身于事件之外。

① 何塞·卡洛斯·马里亚特吉、塞萨尔·法尔孔：《前言：我们在新闻界的立场》，《理性报》第一期，1919年5月14日，见《马里亚特吉全集》，利马，阿毛塔出版社，1994。

第三点是它的社会主义宣告，这个宣告在下面这段话里是不言自明的："我们的根本目的在于为（……）民主时代的到来而努力，在于传播目前震撼世界人心并筹备人类未来世纪的那些理想和学说……"因此，这就是要向政治制度的弊端开战，就是要为民主的新时代的到来而工作，这个时代不是别的什么时代，而是社会主义时代。另外，我们也看到提出了成为马里亚特吉一成不变的那种分析方法：必然出现的本国现实是分析的出发点和落脚点。

《理性报》很快成为报道和联合工会、学生和人民运动的主要媒介。报纸编辑组里有这样的人参加：写工会题材的工人福斯托·波萨达，负责学生和如火如荼的大学改革题材的圣马科斯大学学生温贝托·德尔阿吉拉。此外，还有一个编辑室负责政治时事、国际新闻、城市问题、社交活动、戏剧、赛马和服务指南。因此，报纸提出在论述抽象的学说问题、报道和分析政治局势的同时，也要保持趣味性，这样的建议很重要。正像马里亚特吉自己所说："……我们对报纸严肃性的理解是非常宽泛和理智的，因此我们不认为，应该让这种性质的报纸的栏目生动有趣、力避冷漠乏味的那种幽默和消遣性文风与这种严肃性是不相符的。"[①]

利马和国内其他地区各个社会运动的领导人和积极分子经常光顾《理性报》编辑部的办公室，其中有工人领袖古塔拉、莱瓦诺和丰肯，当时的学生领袖维克托·劳尔·阿亚·德拉托雷等。这份报纸成了充满活力的地方，在这里交流经验和观点，不仅辩论本国政治的日常事件，而且辩论世界社会斗争的意义。

指出报纸印数的快速增长是令人感兴趣的，短短几个星期，就从每天500份增加到接近8000份，[②] 除利马以外，还在国内主要城市发行，并且在几座城市设立了通讯站。《理性报》不仅在街头出售，还在工厂

---

① 何塞·卡洛斯·马里亚特吉、塞萨尔·法尔孔：《前言：我们在新闻界的立场》，《理性报》第一期，1919年5月14日，见《马里亚特吉全集》，利马，阿毛塔出版社，1994。

② 吉列尔莫·路易利翁：《何塞·卡洛斯·马里亚特吉的英雄的创造》第一卷 ·石器时期（1894~1919），利马，阿里卡出版社，1975年。作者未注明页码。——译注

门口分发，成了报道和组织处于火热斗争中的工人和工会运动的主要机关报。

报纸版面上批评传统新闻及它对国家那一时期经历的社会事件和政治斗争的肤浅看法，揭露它的狭隘观点。这种批评实际上质疑的是国内新闻的保守性，这种新闻的玩笑手法不过是一种使民众斗争失去斗志和归于无效的方式。同时，《理性报》还揭露不仅是保守派新闻，而且是它所代表的社会阶层，即它所称的“体面人”的平庸无能和简单片面。从下面引述的话中就可以看到这一点。

> 首都某些报纸的轻浮觉得人民中的妇女昨天采取的态度可笑、滑稽和可悲。在一个大部分报纸奉行如此肤浅、胆怯和陈旧标准的国家里，这不会令我们吃惊。那些空泛的土生白人报人不是用上好的判断力，而是努力用上好的鉴赏力来审视社会问题。凡是不雅致的东西，凡是没有节制的东西，凡是不漂亮的东西，他们一概不喜欢。他们的思想时刻装满着在这里主导“体面”人辨别力的那种虚伪的平庸和幼稚。①

《理性报》成了工会和学生运动的机关报，工人和学生对于它进行的重要工作的承认，通过一次公众表示敬意的感人举动体现出来：1919年6月8日，一大群有组织的工人和学生举行向武器广场的进军活动，以庆祝工人领袖巴尔瓦和古塔拉获得释放，队伍离开原定路线，走过《理性报》办公地点，高举拳头，发表激动人心的讲话，向主编马里亚特吉致敬。马里亚特吉在阳台上做出回应，感谢工人领袖的讲话，并重申《理性报》对人民事业的承诺。

---

① 《理性报》社论，1919年5月26日。引自加古列维奇，1978年，第90页。作者未说明所引胡安·加古列维奇著作的名称。但在参考书目中标明的是《“记者圈”，马里亚特吉的一篇简短演说》，载《马里亚特吉年报》，第V卷，第5期，1993年，第183～188页。——译注

3. 争取生活必需品降价委员会和1919年5月总罢工

第一次世界大战（1914～1918年）后的世界经济危机，带来了国际范围食品价格的上涨。这使得秘鲁广大城市劳动人民的生活状况更加难以维持，他们微薄的工资不能保障最起码的生存条件。在这样的背景下，在无政府主义者的推动下，1919年4月13日成立了争取生活必需品降价委员会，以保护民众阶层免受价格飞涨的基本生活必需品匮乏和极端贫困之苦，根本目的是维持劳动者及其家属的生活。打出的斗争旗帜是：降低食品价格，降低铁路运费和有轨电车票价，取消购物税，农业土地必须种植粮食作物以满足居民的需要，降低基本消费品进口税，禁止在未满足国内需求时出口消费品，确定生活必需品最高限价，降低房租和严格实行八小时工作制。[①] 委员会由尼古拉斯·古塔拉（家具木工）、德尔芬·莱瓦诺（面包工人）、阿达尔维托·丰肯（纺织工人）和卡洛斯·巴尔瓦（制鞋工人）等人领导。[②] 委员会由利马多个工人联合会组成，包括织布业、制鞋业、面包业、面粉业、手工业的工人联合会，以及利马周围的其他工人和农民组织，组建没几天成员就达到3万多人。[③]

委员会开展了一系列支持上述要求的动员，而帕尔多政府的唯一回答是加强镇压行动和不允许任何集会，甚至将主要领导人投入监狱。面对这样的事态，1919年5月28日宣布了总罢工，要求立即释放主要领导人，生活必需品至少降价50%。这项斗争策略扩展到国内多个城市，并得到学生和其他民众阶层的声援和支持，例如，一直积极参加罢工前动员的妇女运动，还有一些进步知识分子如佩德罗·苏岭，他被指控为“布尔什维克煽动者”，在豪哈被捕。[④] 无政府主义传统将工人推向首都和主要城市的街头，开展直接的群众斗争。在流氓无产阶级的领导下，商业中心和店铺发生骚乱和抢劫，引发警察的残酷镇压。结果，冲突造

① 《争取生活必需品降价委员会宣言》，《新闻报》1919年5月2日。

② 加古列维奇，1978年，第42页。

③ 加古列维奇，1978年，第57页。

④ 加古列维奇，1978年，第102页。

成数人死亡，几百人受伤，无数人被囚禁。

经过这些事件后，工人运动完全失去了斗志。由于街头骚乱和动乱，他们的要求变了性质，道德威望丧失殆尽，罢工本身也以失败告终。提出的要求一条没有实现，释放领导人的要求也没有成功，罢工于 1919 年 6 月 2 日就此结束。这次罢工是秘鲁工人和工会运动的一次惨败。争取生活必需品降价委员会的寿命周期就此完结，1919 年 7 月，在它的基础上组成了秘鲁地区工人联合会。

1919 年这第二次总罢工显示了高涨中的工人和工会运动的活力，以及高度的政治觉悟和广泛的动员能力，同时也表明，如果将经济斗争置于政治斗争之上，这样的政治领导已经不能领导群众运动。群众运动已经超过了它的政治领导，因此，必须使领导符合工人运动的新状况。这次罢工标志着一个分水岭，一边是在斗争方向和方式上已经丧失生气的无政府主义，一边是社会主义方向的新阶段，而在这个新阶段中，马里亚特吉将发挥决定性作用。

4. 学生斗争

1918 年（阿根廷）科尔多瓦的大学改革在拉美大学生中产生了巨大影响，引起了关于大学教学制度的方法和理论基础本身以及大学的社会作用的辩论。学生们要求大学关注时代问题，揭露教学制度中的经院式教学方法，想要参加学校的决策，试图彻底改革现行教学制度。

而在秘鲁，在西班牙殖民时期是培养土生白人精英主要场所之一的圣马科斯大学，则成为 1919 年发生的主要的学生动员和斗争的中心。

《理性报》不仅密切关注关于大学改革的辩论，而且通过其“学生版”积极参加这些辩论，开展了一场支持改造学习方法和罢免平庸教师的报界运动。1919 年 6 月 26 日，报纸发表了一份详细名单，抨击教学质量不高的教授，批评他们脱离现实、方法陈旧、知识有限、不能胜任教学工作。从这时开始，通过该报发表的批评更加强烈，甚至指向了马里亚特吉的首席医生，因为他也是圣马科斯大学医学系的教授。《理性报》没有掩盖和回避揭露的这些事情，这一事实表明了它正在实行的新报业的一贯性和正直态度。

学生运动分化成秘鲁学生联合会和争取改革总委员会。前者主张在温和气氛中通过对话进行改革；后者是以统一和指导学生舆论与斗争行动为宗旨成立的，主张进行彻底改革，即使与学校当局发生公开对抗并举行罢课也在所不惜。这两种倾向清楚地表明，秘鲁学生运动的思想分为两派，一派比较保守，与寡头精英有联系；一派刚刚崛起，与经济中最现代的阶层有联系，对于时代的社会和政治问题更加敏感。第二种倾向成为秘鲁学生运动的革新因素，并很快与马里亚特吉的团队和《理性报》结合在一起。

学生与学校当局的对抗日渐激烈，促使学生们宣布总罢课，国内其他大学也加入这一行动。斗争措施得到各个工人联合会的支持和声援，造成社会气氛极大骚动。这种形势令政府警觉起来，同时表明，《理性报》在动员工人、学生和职员方面开展了宣传和政治联合工作。

另外，《理性报》对莱吉亚政权（莱吉亚 1919 年接替帕尔多任共和国总统）的批评更加尖锐，引起政府内部极度反感，最终封闭了报纸，放逐了主编马里亚特吉和塞萨尔·法尔孔。报纸是这样被封闭的：8 月 7 日，报纸编辑部向利马大主教的印刷厂发送了一篇严厉批评并颇具战斗性的社论，分析莱吉亚政府自称的“新祖国”。一段时间以来扮演新闻审查官角色的印刷厂负责人拒绝发表。面对这位人士毫不让步的态度，两位主编决定报纸照常出版，社论栏开天窗，另行印刷。这引起利马土生白人阶层和报纸最大发行地的一片混乱，也招致大主教拒绝继续印刷《理性报》，因为此时他与莱吉亚政府的关系非常亲密。马里亚特吉随即想寻找另一家印刷厂接受他们，但始终没有找到。

发生这些事情后，莱吉亚政府发出正式“邀请”，在入狱和去国外做“秘鲁政府宣传员”之间进行选择。马里亚特吉选择了意大利，法尔孔选择了西班牙。

对于马里亚特吉来说，在《理性报》的政治经历，以及他对工人、工会和学生斗争活力的感受，成为他理论和意识形态修养中的一个根本性因素，使他初步认识到，社会主义思想不是脱离具体现实的抽象的理论体系，而是分析现实的方法论工具。报业的工作迫使他运用一种正在掌握的方法论理论体系，来思考和分析之前他觉得遥远的社会斗争，这是一股政治实践和理论建树极其丰富的原动力。

第二章　知识生产与秘鲁建设社会主义

2.1　欧洲经历与马克思主义修养

到意大利之前，马里亚特吉曾短暂停留巴黎，并很快接触了法国社会主义最先进的人物，例如总工会（Confederación General del Trabajo）领导人马赛尔·加香（1869～1958）和路易－奥斯卡·弗罗萨尔（1889～1958），以及先进知识分子瓦莱里、儒勒·罗曼、安德烈·纪德、罗歇·马丁·杜·加尔、杜亚美、维尔德拉克、让·里夏尔·布洛克等人。然而，或许最能标志他途经法国的两个人物是罗曼·罗兰和亨利·巴比塞。马里亚特吉对社会党报纸《人道报》感兴趣，参观了印刷该报的工厂，以及支持加入第三国际的委员会的办公室，法国议会的会议和《光明》杂志运作的房子。[①] 巴黎的短短几天使他真切地初步接触到了欧洲的现实，此后，马里亚特吉宣称，“他刚刚找到了自己”。[②]

马里亚特吉于1919年12月抵达意大利，前往赫纳瓦省的内尔维小城，找了一个适于休整的地方，以缓解劳乏和折磨他的身体问题。他利

① 据塞萨尔·法尔孔的证言，引自吉列尔莫·路易利翁《何塞·卡洛斯·马里亚特吉的英雄的创造》第二卷·革命时期（1920～1930），利马，阿毛塔出版社，1975年，第16页。

② 据维克托·纳瓦的证言，引自吉列尔莫·路易利翁《何塞·卡洛斯·马里亚特吉的英雄的创造》第二卷·革命时期（1920～1930），利马，阿毛塔出版社，1975年，第17页。

用在赫纳瓦省这座小城短暂停留的时间，通过在欧洲发行的主要左派刊物，了解欧洲的政治和社会形势，特别是欧洲革命运动的状况。在这些日子里，他还得到了长女格洛丽亚·马里亚特吉·费雷尔降生的消息。[①]同时，他结识了安娜·恰佩·贾科米尼，一个父母双亡的姑娘，是下榻的内尔维小客店主人的亲戚，靠在客店打工维持生计。几个月后，马里亚特吉跟她结了婚。

过了几个星期，马里亚特吉转赴罗马，去见由全权公使奥斯卡·R.贝纳维德斯负责的秘鲁驻意大利使团，领取他的"秘鲁报界宣传代理人"证书。动身去罗马前，他见到了他的同行塞萨尔·法尔孔，他从马德里来，要以马德里《自由党人》记者的身份在意大利半岛进行新闻之旅。马里亚特吉加入了法尔孔的这次行程，一起去了罗马。那时，作为几年前充任专栏作者的秘鲁《时代报》的欧洲通讯员，马里亚特吉正在写他的第一篇文章。文章题目叫作《协约与苏维埃》（La Ententey los Soviets），讲的是英国、美国、法国和意大利组成的集团与苏俄恢复关系的事。为了避开莱吉亚政府的新闻检查，文章均署笔名发表在《时代报》的"意大利来信"专栏。在这些文章中，马里亚特吉对工人运动的形势和斗争，以及欧洲的政治和社会气氛做了尖锐的分析，同时讨论了与旧大陆艺术和文学有关的问题。通过阅读这一阶段写的文章，我们可以看到马里亚特吉在马克思主义修养方面，尤其在关于使用的分析方法方面的进步，这一情况以后再谈。

逗留罗马期间，他和法尔孔两人参观艺术展览，多次参加艺术家的聚谈会。秘鲁驻意大利使团主要秘书、艺术爱好者佩德罗·洛佩斯·阿利亚加提供的关系具有重大意义。后来，马里亚特吉在谈及阿利亚加时说："……在秘鲁资产阶级中，我连一个如此聪明又宽容的人也没有见过。"[②]

---

① 孩子降生于1919年11月19日，母亲是维多利亚·费雷尔，在马里亚特吉离开秘鲁前，曾与他保持亲密关系。

② 据阿特米奥·奥卡尼亚的证言，引自吉列尔莫·路易利翁《何塞·卡洛斯·马里亚特吉的英雄的创造》第二卷·革命时期（1920～1930），利马，阿毛塔出版社，1975年，第35页。

马里亚特吉到达意大利后的另一项活动是与意大利社会党建立联系。当时，该党在赢得选举地盘的同时，党内也在进行着深刻的理论和政治辩论。在1919年11月的选举中，该党众议员人数增加了两倍，拥有150名代表，党员人数从5万增加到将近30万，这对于汇聚了200多万积极分子的意大利总工会（Central de Trabajadores Italiana）有着强大影响。在上述选举前一个星期的波洛尼亚社会党代表大会上，该党决定加入社会党第三国际（应为共产国际——译注），成为最先做出这一决定的欧洲社会民主党之一。这一事实开辟了欧洲社会民主党的一个新阶段。马里亚特吉密切关注这一事态，他在解释党内斗争时说，这次代表大会上明显地存在着三个派别：一是主张不介入的最高纲领派，反对社会党参加选举，以博尔迪加为首；二是主张参加选举的最高纲领派，以塞拉蒂为首；三是进化论派，以特雷维斯和屠拉梯为首。

到罗马后不久，马里亚特吉就经常去城里的一个马克思主义团体，团体成员由有轨电车司机、铁路工人和服务业雇员等组成，在成员家里聚会。马里亚特吉积极参加意大利政党的政治斗争，参加这一马克思主义团体内部的理论和政治辩论，并且加入了这个团体。他们在生产中心和工人聚会场所举行座谈和讲演，开展宣传工作，或者就意大利工人运动的日常政治斗争与政治和工会领导人及知识分子交换看法和进行辩论。他绝对不是冷漠的旁观者，恰恰相反，他是一个积极介入的成员，一个渴望深入了解日常事件和长期历史进程，以及马克思主义理论状况的分析家。

1920年4月，在意大利北部大型工业城市之一的都灵，爆发了一场意义重大的罢工，要求改善城乡劳动者的工作条件。罢工由钢铁工人发起，[①] 他们坚持斗争了一个月，参加罢工的其他产业的工人斗争了十天左右。罢工扩展到整个皮埃蒙特地区，动员了将近50万工业和农业工人，令400万居民为之震动。这次罢工得到其他地区无产阶级的声援，

① 对意大利经济具有重要意义的菲亚特的工厂和其他生产厂家都在都灵。

他们阻挡来自比萨、里窝那和佛罗伦萨的运兵火车，使赫诺瓦和里窝那港口不能正常运行。然而，由于意大利总工会拒绝宣布全国总罢工，都灵的工人于4月23日被迫复工。这次罢工的失败使以葛兰西为首的“新秩序”派与改良派的冲突更加尖锐，改良派分子指责都灵的社会党人受了资产阶级的挑动，在错误时机发动了罢工。

马里亚特吉在都灵关注着事态发展，但很快，他不得不再次回罗马休息，因为精力和身体的劳乏折磨着他。他在罗马呆了4个月，便回到赫诺瓦作短暂停留，紧接着与塞萨尔·法尔孔和帕尔米罗·马奇亚维略（在意大利执行领事职能）一起去了都灵，了解几个星期前引起极大兴趣的总罢工的影响。在都灵最先进行的访问之一是去《新秩序》的印厂。在都灵停留期间，他们还与都灵社会党的其他党员建立了联系，如陶里亚蒂、特拉契尼和塔斯卡等；此外还参观了几处工厂和生产场所，与行会领导人和工厂委员会的负责人直接交谈。[①] 对马里亚特吉来说，这次都灵之行是他逗留欧洲期间最有教益的访问之一，他后来的著作和涉及都灵经历的言论都证明了这一点。

马里亚特吉继续他的意大利之行，到达米兰。他认为，米兰是意大利最重要的经济中心，而且资本主义最为发达，就像他几年后所说，米兰是“一个资本主义文明的中心”。如同在意大利其他城市一样，他在米兰接触了社会党人和罢工运动领导人。那些日子，领导人正准备组织一次由意大利钢铁工人联合会发起的全国性罢工。果然，1920年8月30日，工人们占领了米兰的300家工厂，罢工在都灵和赫诺瓦得到直接响应，并波及意大利北部称为地理“三角”的三座城市。该地区的农民加入罢工，冲进耕地，建立名叫“红色社团”（ligas rojas）的组织，向土地所有者提交了权利要求书。[②]

---

① 马里亚特吉谈及他一次访问都灵时与菲亚特工厂工人的会见，载于他的著作《捍卫马克思主义》。

② 吉列尔莫·路易利翁：《何塞·卡洛斯·马里亚特吉的英雄的创造》第二卷·革命时期（1920～1930），利马，阿毛塔出版社，1975年。作者未注明页码。——译注

应当强调指出，这次罢工证明了工人阶级领导工厂生产程序的能力：没有技术人员，他们任命自己的管理委员会，使复杂的生产系统照常运转。工厂里升起红色和黑色旗帜作为胜利的标志，工人们高唱劳动者的歌曲《红旗》。但这次罢工没能持续多久，为了强制停产，当局在工厂四周布起了严密的警戒线，犹如铁桶一般，最后使占领工厂的行动归于失败。这次工会运动失败以后，意大利无产阶级的革命运动陷入低潮。

就在那些日子，以本尼托·墨索里尼为代表的新生法西斯主义通过其喉舌《意大利人民》（*Il Popolo d'Italia*）发出警报，扬言要警惕“布尔什维克中心”。而由于这次罢工的影响，意大利出现了工业和农业两个强大的总联合会，它们的目的之一是警惕城乡劳动者未来的罢工苗头。

马里亚特吉和他的两位同行通过与工人及工会领导人的经常接触，并直接看到他们开展的行动，亲自经历了这次罢工。他们抽时间参观了出版意大利社会党正式机关报——《前进报》的地方，并会见了社长塞拉蒂。马里亚特吉通过“意大利来信”专栏继续为《时代报》撰稿，分析意大利政治和社会进程的各个方面、工人运动的进展，以及那一时期欧洲无产阶级进行的多次斗争的结果。

马里亚特吉在威尼斯短暂停留一段时间，主要是阅读文学作品和培养思考精神。[①] 然后，他在1920年10月回到内尔维小城。在内尔维，他参加社会党马克思主义团体的讨论，热情地参与关于党组织和工人阶级的重要性，以及革命斗争理论—实践方面的辩论。此时，意大利社会党内部的派别减少为两派：一派是博尔迪加的追随者，主张必须创建新党；另一派是葛兰西的拥护者，主张党的内部重建，以便加入第三国际。

在1920年10月31日至11月7日举行的意大利行政选举中，社会党人取得新成绩，在总共8000个市中的2162个市取得多数地位。这些社会党人占多数的市，包括米兰和波洛尼亚等意大利主要工业城市。[②] 新

---

① 马里亚特吉自己谈到“阅读夏尔·莫拉斯的作品《威尼斯的情人》”。

② 吉列尔莫·路易利翁：《何塞·卡洛斯·马里亚特吉的英雄的创造》第二卷·革命时期（1920～1930），利马，阿毛塔出版社，1975年，第74页。

的力量对比造成的结果是法西斯主义的强力反动，加紧暴力行动。

1921 年 1 月 15 日举行意大利社会党第十七次代表大会，马里亚特吉以《时代报》通讯员的身份参加。在这次会议上，以葛兰西为首的都灵派被击败，党的领导落入代表改良集团的塞拉蒂手中。面对这次失败，共产主义者宣布退出社会党，随即创建意大利共产党。马里亚特吉专注地参加会议期间进行的辩论，随后就会议和党内力量对比写了一篇很长的总结性文章。在这份文件中，他着重指出了意大利社会党右翼的主要特点：它与欧洲其他社会党不同，没有加入第二国际。

这次代表大会之后，左翼单独参加了焦利蒂政府于 1921 年 5 月召集举行的全国选举。其间爆发了几次罢工，抗议都灵的菲亚特和米其林等工厂劳动条件恶劣，但没有成功。在工业资产阶级的进攻面前，意大利，而且总的来说欧洲的工人运动开始经历退却时期。

里窝那代表大会结束后，马里亚特吉立刻回到赫诺瓦，与安娜·恰佩结婚，然后前往罗马，在一个名叫弗拉斯卡蒂的地方住下来。那是一个遍地葡萄园、四季如春的地方。这一时期，他与贝内德托·克罗齐、普雷佐利尼·戈贝蒂、皮兰德罗、蒂尔盖尔（Tilgher）[①] 等意大利知识界人士，以及菲利浦·屠拉梯、安东尼奥·格拉齐戴（Antonio Grazidei）、因科拉·邦巴齐（Incola Bombacci）等社会党领导人结下了友谊。据吉列尔莫·路易利翁说，这时马里亚特吉积极参加新组建的意大利共产党的活动，并提升为宣传员和鼓动员，同时仍继续参加艺术和文学活动。

1921 年 12 月 5 日，马里亚特吉的第二个孩子桑德罗·蒂西亚诺·罗米欧出生。为了避免为执行政治任务而每日进行长途跋涉，夫妻俩将住所迁到罗马。然而不久，他就受到法西斯分子的系统跟踪，使他在罗马的政治活动实际上无法开展，只得偕家人回到赫诺瓦，加入该市港区的

---

① 见德尔芬·莱瓦诺《你给予我的生命》，引自吉列尔莫·路易利翁《何塞·卡洛斯·马里亚特吉的英雄的创造》第二卷·革命时期（1920～1930），利马，阿毛塔出版社，1975 年。作者未注明页码。——译注

党组织。

紧张的欧洲经历不仅使马里亚特吉更深入地了解了欧洲的社会和历史进程，而且使他重新发现了自己的美洲根基，从而促使他对拉美革命任务做出智力和政治的终生承诺，并使他从深刻的美洲角度和美洲特性来全面地观察人类的历史进程。他十分清楚地认识到了这一过程，正像他所说的：

> 我对瓦尔多·弗兰克[①]有好感，其本质的和个人的理由在于，一定程度上我们走的是同一条路（……）我像他一样，只在欧洲才感到自己是美洲人。通过欧洲的道路，我发现了我曾离开的并且像外来人和局外人一样生活过的美洲国家。欧洲让我看到，我在多大程度上属于一个原始和混乱的世界；同时它向我提出并说明了一项美洲任务的义务（……）我知道，在欧洲似乎已经完全征服了我的时候，它让我回到了秘鲁，回到了美洲（……）对于美洲人来说，如同对于亚洲人一样，欧洲不仅意味着一个让人失去国籍和失去根基的危险，也意味着恢复和发现自己的世界和自己的归宿的最好的可能。[②]

路易利翁在他资料翔实的传记中指出，出于政治上对秘鲁做出承诺的一时冲动，一天晚上，马里亚特吉、塞萨尔·法尔孔、负责秘鲁驻赫诺瓦使团的外交官帕尔米洛·马奇亚维略和卡亚俄的医生卡洛斯·罗埃突然决定，在赫诺瓦组成第一个秘鲁共产党支部。为此，马里亚特吉和罗埃必须回秘鲁执行建党任务，马奇亚维略和法尔孔则留在欧洲，作为设在利马的核心的通讯员来开展工作。[③] 这个昙花一现的共产主义组织，

① 瓦尔多·弗兰克，与马里亚特吉亲近的美国知识分子。

② 何塞·卡洛斯·马里亚特吉：《今天的人早晨的心灵和其他季节》，载《马里亚特吉全集》，利马，阿毛塔出版社，1994 年。

③ 吉列尔莫·路易利翁：《何塞·卡洛斯·马里亚特吉的英雄的创造》第二卷·革命时期（1920～1930），利马，阿毛塔出版社，1975 年，第 95 页。

表明了这几个青年要实现对秘鲁的承诺的热情。

他们要求准许回秘鲁，但为莱吉亚政府所拒绝。尝试失败后，马里亚特吉决定继续在欧洲进行智力和政治的修养活动，他去了旧大陆几个城市。他再次到巴黎，重新拜访了卓越的法国共产党党员亨利·巴比塞，也结识了《共产主义简报》（*Bulletin Communiste*）及当时法国共产党日报和官方机关报《人道报》的编辑部主任鲍里斯·苏瓦林。

马里亚特吉继续欧洲之行，到了慕尼黑、维也纳、布达佩斯、布拉格和柏林，最后在柏林住了几个月，直到1923年2月最终回到秘鲁。在这些城市，马里亚特吉接触左派最先进分子、工人和工会领导人、知识分子和艺术界人士。关于维也纳，马里亚特吉后来回忆说：

> 维也纳的日子不像1922年，确切说是那年7月的日子非常残酷，那时，法尔孔和我看见一个垂死的妇女饿得奄奄一息倒在莱茵街的一条人行道上。可是，奥地利的政治仍然像那时一样，没有找到平衡。充当反对派角色的社会主义完全保住或许还扩大了它对民众的巨大影响，这一事实从政治上无可置疑地证明了这一点……[①]

就在这座城市里，他会见了维也纳第三国际的前领导人麦克思·阿德勒和奥托·鲍威尔，还经常访问共产党和工会领袖，他们大多数都参加过创建帮助结束第一次世界大战的工人委员会。[②]

停留柏林期间，马里亚特吉努力学习德语，已经能够阅读一些文学著作，不过主要是阅读德国报刊——那已经成为他在那些日子获取信息的主要来源。他在柏林进行了广泛的接触，包括走访斯巴达克起义影响最大的那些城市。那是回秘鲁之前紧张工作的七个月：参观无产阶级先锋队的政治场所，以便考察基层组织和政治干部的培养；走访第一次世

① 何塞·卡洛斯·马里亚特吉：《奥地利与欧洲和平》，载《世界生活的形状和状况》。

② 吉列尔莫·路易利翁：《何塞·卡洛斯·马里亚特吉的英雄的创造》第二卷·革命时期（1920～1930），利马，阿毛塔出版社，1975年。作者未注明页码。——译注

界大战期间爆发柏林无产阶级武装起义的地方；收集关于斯巴达克党人和左派工人民兵活动的证言；还参加途经柏林的苏联文学家和艺术家的聚谈会——这些人中有尼古拉·托尔斯泰、弗拉基米尔·玛雅可夫斯基、鲍里斯·皮利尼亚克、谢尔盖·叶赛宁、伊利亚·爱伦堡、安德烈·别雷、玛丽娜·茨维塔耶娃等。[①] 他还与马克西姆·高尔基见了面，那时高尔基正临时呆在靠近柏林的小城萨罗·奥斯特（Saarow Ost）的一所疗养院里。会见在高尔基儿媳的帮助下进行，她还充当了翻译的角色。后来，马里亚特吉就这次会见写了一篇文章，发表在1928年7月20日的《世界》杂志，后收入《今天的人早晨的心灵和其他季节》一书中。

> 马克西姆·高尔基正在萨罗·奥斯特从俄国革命的征战中恢复。在从车站去新疗养院的途中，我在想，一个大草原粗鲁的流浪汉怎么能够在这个幼稚的、奶白色的疗养村工作呢。萨罗·奥斯特不是村子，是疗养院（……）高尔基在这个细菌学上纯净的、有着圣诞故事的工业镇子上能写什么呢？握过他那孤僻的手之后，这是我问他的第一件事（……）既然我刚刚读过《阿尔达莫诺夫家的事业》，我感到，在新疗养院的椴树和松树下面，高尔基不能再这样写了。这部小说可能是在意大利写的，最近几年高尔基是在那里度过的。一般来说，意大利人是蹩脚的小说家；可是意大利适于写小说（……）一接触意大利那非同一般的、戏剧般的和凄楚的大自然，高尔基的幻想就得到了恢复、认可和训练……[②]

1923年1月，法国和比利时占领了德国鲁尔地区，那是德国的工业中心。这个行动激起法国无产阶级的强烈抗议，因为它像法国中小资产阶级一样，不想面对一场新的战争。法国共产党开展了广泛的反战运动，

---

① 据塞萨尔·法尔孔的证言，引自吉列尔莫·路易利翁《何塞·卡洛斯·马里亚特吉的英雄的创造》第二卷·革命时期（1920～1930），利马，阿毛塔出版社，1975年，第118页。

② 何塞·卡洛斯·马里亚特吉：《马克西姆·高尔基的小说“阿尔达莫诺夫家的事业”》。

结果受到法国政府镇压。面对这样的事态，出于报人的勇气和知识分子强烈的好奇心，马里亚特吉决定去往事件发生地埃森市，要求会见公社的市长，结果被拒绝。于是，他密切关注聚集在该市的欧洲共产党代表们开展的活动。1923 年 1 月 28 日至 2 月 1 日举行了德国共产党代表大会，作为报人的马里亚特吉正在参加那次会议时，得到消息说，已经同意了他的回国要求。

关于他在德国的停留和欧洲之行，马里亚特吉几年后写道：

> ……我们一起（指和塞萨尔·法尔孔）经历了欧洲历史上充实和动荡的几天：占领鲁尔的那几天。这最后共同行程的约会让我们在科隆聚在一起。那场莱茵河畔悲剧的吸引力，无论是他还是我都没有能够抵制住的那场悲剧和冒险的吸引力，把我们带到了埃森，铁路工人的罢工使我们在那里滞留了几天。我们怀着下意识的逃避渴望，毫无保留地、殚精竭虑地专注于欧洲，专注于它的生存，专注于它的悲剧。最后，我们特别发现了我们自己的悲剧，秘鲁的悲剧，西班牙美洲的悲剧。我们觉得，欧洲之行是对美洲最好的、最了不起的发现。①

2.2 回到秘鲁和创办《阿毛塔》杂志

秘鲁学生运动和工人运动结成一体和互相合作最重要的时期之一，或许就是人民大学的经历。人民大学是根据在库斯科城举行的第一次全国学生代表大会的决议创办的，由秘鲁学生联合会负责。如同在大会上通过的规定中看到的那样，希望置身于任何“党派精神”或“教条精神”之外，推行“客观的”教学大纲。教学大纲包括两个阶段：面向全

① 见马里亚特吉为塞萨尔·法尔孔《没有上帝的人民》一书写的简讯，载《阿毛塔》，第 21 期（1929 年 2~3 月）“图书与杂志”栏。

国的通用文化阶段和面向各个地区需要的技术专业化阶段。无政府主义对这场新的运动有着很大影响，这场运动寻求成为学生与体力劳动者的第一条统一阵线，因此，强调通过人民大学传授的内容是非党派性的。作为培养他们进行政治斗争的一部分，教学内容是面向工人和大学生的。马里亚特吉于1923年3月17日到达卡亚俄港，与时任冈萨雷斯·普拉达人民大学校长的维克托·劳尔·阿亚·德拉托雷进行了接触，表示对在该校担任教学工作感兴趣。办完作为一位新任教师的手续，并以学生身份连续听了十节课以后，马里亚特吉开始讲授题为“无产阶级与世界危机”的课，内容包括欧洲和苏联的政治形势以及文化和艺术概况。授课内容后来结集出版，书名叫《世界危机史》。众所周知，因为明确地拥护马克思主义和赞扬布尔什维克革命，马里亚特吉受到经常光顾学校的工人中形成的无政府工团主义核心的严厉批评。然而不久之后，他就扭转了这种最初的反应，听讲的工人络绎不绝，教室往往人满为患，而且大多数都极感兴趣。

马里亚特吉把对秘鲁来说全新的题目列入辩论日程，并通过他的讲座在知识界和政界产生了深刻的变化，使得学生和工人对于深入了解当代社会和政治事件的兴趣越来越浓厚。马里亚特吉开设的讲座课旨在介绍欧洲形势和俄国革命的概况，但在下列问题上则详细讲述：欧洲战争与社会党，从克伦斯基到列宁的俄国革命，德国革命与斯巴达克运动，凡尔赛和约与威尔逊计划的失败，欧洲无产阶级的群情激愤，法西斯主义，第三国际的策略，法国、意大利和德国等国的重建和财政赤字问题，意大利民主制的危机与法西斯独裁，哲学危机与历史论、理性主义和实证主义的衰落，危机在美洲的反响与墨西哥革命，阿根廷、智利和秘鲁形势等。马里亚特吉提出的所有这些问题、观点和分析在秘鲁知识界是全新的。

下面引述何塞·卡洛斯·马里亚特吉在人民大学第一次演讲中的几段话，我们认为，这些话反映了他在提高秘鲁工人运动修养和觉悟这项工作上的深刻性：

> 遗憾的是，秘鲁缺少专注地、智慧地、用意识形态信仰来跟踪这场大危机[①]的发展的教育人的新闻出版业；也缺少能够热衷于目前改变着世界的革新思想、能够摆脱一种保守的和资产阶级文化及教育偏见影响的（……）大学教师；缺少掌握人民文化特有的、因而能够使人民对研究危机感兴趣的工具的社会主义和工团主义团体。人民教育唯一的、有革命精神的课堂是人民大学这一正在组建的课堂。这间课堂（……）应该向人民介绍当代现实，向人民说明他们正在经历历史上最重要和最伟大的时刻之一，并且用目前鼓动着世界其他文明人民的卓有成效的志向来感染他们（……）在这场当代大危机中，无产阶级不是旁观者，而是行动者。在这场危机中将决定世界无产阶级的命运（……）无产阶级现在比任何时候都需要了解世界上发生的事情。它不能通过日常渠道那些支离破碎的、次要的和微量的报道来了解，因为多数情况下，那是错误理解的、编辑糟糕的、总是来自反动通讯社的报道，而这样的通讯社专门贬损革命政党、革命组织和革命人的声望，令世界无产阶级沮丧和迷失方向（……）总之，如果说无产阶级需要知道世界危机的主要情况，那么在构成先锋队的社会党、工党、工团主义或绝对自由主义的那部分无产阶级中，这种需要则更为强烈（……）我的演讲主要就是讲给秘鲁先锋队这部分人的（……）我不是要到一所自由大学的自由讲坛来向你们讲授这场世界危机的历史，而是想来亲自和你们一起研究这历史的……[②]

在这第一次演讲中，马里亚特吉就明确提出，需要一种有“意识形态信仰的”新闻出版业，这种新闻出版业应该成为能够深入和智慧地分析人类经历的重大变革历史进程的人民文化特有的工具，成为对抗反动的新闻出版业封锁消息的斗争工具。秘鲁无产阶级先锋队需要了解当代

① 指1910年代末至1920年代初的那次世界性危机。

② 何塞·卡洛斯·马里亚特吉：《世界危机与秘鲁无产阶级》，见《世界危机史》。

世界发生的事情，这不是出于要多知多懂的单纯兴趣，而是因为世界无产阶级的最先进分子正在进行也必将影响秘鲁无产阶级的最后战斗。不过，整个无产阶级，特别是秘鲁无产阶级，不是社会舞台上单纯的看客，而是主要演员，而作为主要演员，就应该在政治和意识形态方面培养自己。此后，马里亚特吉把自己余生的每一天都献给了这项工作。

那些日子出版了第一期《光明》杂志，为秘鲁自由青年的机关报，是受亨利·巴比塞主编的法国《光明》杂志启发而创办的，在拉美知识界具有很大影响。这份杂志由维克托·劳尔·阿亚·德拉托雷领导，代表一种反资产阶级精神，要求社会正义感。杂志要求自身担当美洲大陆绝对自由派报业先锋的角色。因此，这份杂志与无政府主义理想息息相通，而这些理想是组成秘鲁“阿普拉运动”的基本学说框架。马里亚特吉从第二期开始与这份杂志合作。

莱吉亚总统主持了一次大规模的宗教会议，企图把秘鲁奉献给“圣心节”，因此，1923 年 5 月 23 日爆发了一场大规模的抗议行动，反对总统的宗教政策。行动受到残酷镇压，示威者与警察发生流血冲突，一名学生和一名工人被打死。愤怒的民众将他们奉为英雄，成群结队地为他们送葬。

后来，马里亚特吉就这件事写道：

> 在 5 月 25 日学生和工人的送葬行列中，与青年和人民一起行进的圣马科斯大学校长和教师不是这些人的领导者，而是他们的俘虏。他们不是领袖，而是他们的人质（……）他们满心疑惧、不情愿、害怕、不满，有些人满心“恐惧”（……）这就是这所大学的危机——教师的危机，思想的危机。仅限于开列黑名单或清除个把不称职或笨蛋教师的改革是肤浅的改革。弊病的根基将依然存活着。这种不满，这种激愤，这种纠正的渴望很快会再次出现，因为这样的改革只触及问题的表皮，没有揭开它的皮肉，没有深入进去。①

---

① 何塞·卡洛斯·马里亚特吉：《大学的危机》，载《光明》杂志，1923 年 5 月 31 日。

5月23日事件后，莱吉亚政府发布命令，要监禁动员主要组织者之一的维克托·劳尔·阿亚·德拉托雷。阿亚·德拉托雷隐蔽几个星期后被拘捕。工人和学生运动组织发出抗议，利马区域工人联合会甚至宣布总罢工，提出释放阿亚·德拉托雷等要求，并得到秘鲁学生联合会和人民大学的支持。尽管如此，他还是被押解到圣洛伦索岛高度戒备的监狱，后来流放到巴拿马。

接连不断的民众抗议和1923年10月的总罢工，开创了秘鲁工人运动的新阶段。斗争已经不仅是经济性的，如争取提高工资和改善劳动条件；更重要的是政治性的，要求释放拘押的领导人，保障民众的动员，建立新的工人组织、人民大学和工人场所并自由运作。这表明工人阶级政治觉悟化过程中质的进步，从此这个阶级开始走向社会主义。

莱吉亚政府利用这些事件和所谓的政变企图，加紧实行镇压政策，监禁和流放反对其政权的政治家以及工人和学生领导人，残酷镇压民众抗议活动，并演变成对工人和学生的大屠杀。就是在这种情况下，冈萨雷斯·普拉达人民大学被政府认为是一个危险的动乱和颠覆中心，只得关闭了所在场所，在几个地点同时上课。

由于阿亚·德拉托雷不在利马，马里亚特吉担负起领导人民大学和《光明》杂志的责任，虽然参加这两项工作时间不久，但他已经取得了某种领导地位。由于出版了广泛报道5月23日罢工和莱吉亚政府镇压的第四期杂志，马里亚特吉自回国后第二次被逮捕（第一次是在那次罢工之后，在策划对5月23日逮捕工人和学生采取抗议行动的一次秘密会议上）。印好的杂志大部分被政府没收，除代理社长外，编辑部和印刷部成员也被逮捕。逮捕只持续了几个小时，那是用来进行恐吓的一种手段，但也毫无效果，因为在何塞·卡洛斯的领导下，《光明》杂志采取了公开的社会主义、支持布尔什维克革命及分析欧洲革命进程的立场。这个新方针再次招致人民大学内部和出版部无政府工团主义派别的批评和抵制，引起无政府工团主义分子与日益增多的拥护马里亚特吉主张的工人之间的内部斗争。于是，成立了“光明工人公司”（Sociedad Obrera Claridad）组委会，组委会于1924年4月开始办公，目的是出版一份能发挥秘鲁无产阶级官方机关报作用的报纸。这项计划包括开设一家工人书店，以及出版旨在对劳动者进行政治和文化宣传和培养的图书、小册子和杂志。

由于马里亚特吉离开政治和教育活动，这些计划的实施戛然而止。他的好腿上发现了一块坏疽，只有切除才能保住生命。手术过后他极度虚弱，不得不在利马郊外一所安静的房子里蛰居几个星期，只能听到妻子安娜·恰佩为维护他的健康，仔细“过滤”过的消息和日常政治事件。那段时间，朋友和有组织的工人开展募捐活动来帮助马里亚特吉·恰佩一家，依靠这种互助友爱，马里亚特吉挺了过来。

马里亚特吉的悲剧震动了利马各界，知识分子、报界人士、工会领导人、学生和工人纷纷行动起来。在谈论这件事的文章和文字中，特别应该引述路易斯·阿尔韦托·桑切斯[①]撰写文章中的几段话：

> 马里亚特吉的悲剧掀起一股抗议之声。看到兄弟家里的痛苦和我们一个自己人身上无法补救的苦恼，令我们震惊，令我们恐惧。当人们看着、感受并呼吸着一个被生活撕碎的青年人不流血的悲剧时，几乎会要把鹅毛笔抛得远远的，把生命献给比较容易和快乐的事情，而不做这种以其他人名义思考的事情。生活没有窥伺马里亚特吉青年时期最寒冷的时刻；它等来了毛头小子长大成人，等来了文化、旅行和数不尽的思索已经使这颗不安生的心灵成熟起来，而且依靠奋斗和爱建立的一个家庭的平静全都寄托在他那极其脆弱的肩膀上的时候。生活狡猾地等来了放荡不羁已经过去、“艺术爱好”已经逃遁、“金色曙光”开始属于他的时刻，把利爪刺进了马里亚特吉的身体（……）对于曾经在某一次呆在他身边的我们来说，何塞·卡洛斯·马里亚特吉的悲剧是可怕的。对于不太了解他的公众来说，是不公平的、残忍的。对于工人们来说，是无法补救的。竟

① 路易斯·阿尔韦托·桑切斯，青年作家，阿亚·德拉托雷同事，阿普拉党历史上的创建者和领导人之一。

有如此纯洁无瑕的志愿，这种情况在我们之间是不常见的。作家们从欧洲归来之后，全身心地致力于传播崭新的思想、唤起昏睡的意识、实现革新世界的热望，这种情况也是不多见的……①

在利马，工人的抗议和动员仍在继续，并得到学生的支持。1924年6~7月，由于莱吉亚政府颁布新法规，要减少工伤事故的赔偿，发起了几次动员。秘鲁中部山区的矿工和农民参加了这些斗争，美国塞罗·德帕斯科铜矿公司控制的奥罗亚铜矿就在那里。为控制动员行动，政府强化了镇压措施，除查封马里亚特吉在利马领导的冈萨雷斯·普拉达人民大学外，还查封了人民大学在比塔尔特、巴兰科、特鲁希略、萨拉维里、阿雷基帕和库斯科等地的活动场所。② 因此，为了防止对马里亚特吉采取任何惩罚行动，《光明》杂志的同事劝他这位代理社长不要签发第六期杂志。马里亚特吉对此断然拒绝，并写了一封信，公开强调他的杂志社社长和负责人身份：

亲爱的同事们：我不愿意不出现在《光明》的这一期上。如果我们的杂志没有签名地再次出版，我会为我摧垮的身体更加痛心得多。我目前最大的渴望就是，已经中断了我的生活的这场疾病，不会强大到让我的生活脱离正轨和软弱无力。希望它不要在我身上留下任何精神上的痕迹。希望它不要将任何伤心和绝望的萌芽留在我的思想和我的心中……③

经过将近四个月的休养，马里亚特吉回到利马，住进米拉弗洛雷斯

① 《何塞·卡洛斯·马里亚特吉的悲剧》，《世界》杂志，利马，1924年5月30日。引自吉利尔莫·路易利翁《何塞·卡洛斯·马里亚特吉的英雄的创造》第二卷·革命时期（1920~1930），利马，阿毛塔出版社，1975年。作者未注明页码。——译注

② 《何塞·卡洛斯·马里亚特吉的英雄的创造》第二卷·革命时期（1920~1930），利马，阿毛塔出版社，1975年。作者未注明页码。——译注

③ 《马里亚特吉的话》，《光明》杂志，利马，1924年9月。引自吉列尔莫·路易利翁《何塞·卡洛斯·马里亚特吉的英雄的创造》第二卷·革命时期（1920~1930），利马，阿毛塔出版社，1975年。作者未注明页码。——译注

区，继续进行他的日常工作。他的家成了一座政治培训中心，他在那里举行座谈，与日益增加的知识青年、学生和工人进行长时间的聚谈。

1924 年底，罢工、动员和抗议行动更加猛烈，同时，政府的镇压、迫害和刑罚也更加残酷。学生和无产阶级中的最积极分子不是被投进监狱就是被放逐。《光明》杂志最终被查封，马里亚特吉全力以赴地组建米内尔瓦出版社，继续实施“光明工人公司”的计划，出版面向工人阶级政治和人文修养的读物。这几个月，他也在准备他的第一部著作，后来出版时名叫《当代舞台》。

米内尔瓦出版社是作为何塞·卡洛斯和他弟弟胡利奥·塞萨尔的公司开办的，胡利奥·塞萨尔把他的小车间从瓦拉尔迁到了利马城。出版社于 1925 年 10 月开始运营，制订了出版三套藏书的计划：旨在介绍当代思想代表性著作的“现代藏书”，旨在研究美洲文明和民族主义文学的“阿毛塔藏书”，和旨在介绍秘鲁和世界文学的“先锋藏书”。它的目标是出版广大读者买得起的低成本图书，主要面向工人和学生，以便有助于他们进行广泛的政治和人文修养。

米内尔瓦出版社出版的第一部书是何塞·卡洛斯·马里亚特吉的著作《当代舞台》，该书汇集了一系列关于欧洲和拉美政治、社会和文化事件的文章，大部分是在《万象》和《世界》杂志上发表的。这部著作在秘鲁知识界获得极大反响，许多作家和报人对它发表评论和述评。

由于身体状况所限，马里亚特吉只能蛰居在利马市中心的新住所里，但这没能妨碍他与知识分子、工人和学生进行紧张的接触和交流。他在家里接待他们，通过对学生和同事发表谈话和演讲，通过对他自己得到的马克思主义、意识形态、哲学、政治、艺术、科学和文学图书和杂志的讨论，通过在华盛顿街那座房子进行长时间的鼓动人心的聚谈（分析秘鲁现实、当代重大社会文化事件和人类本身的前途），这个家最终变成了政治、意识形态和人文培训中心。

根据路易利翁在他写的马里亚特吉传记里收集的证言，那几年间，纺织联合会、印刷联合会、铁路工人联盟、汽车司机联合会、码头工人联合会中心、制鞋厂工人联合会、驾驶员和司机联合会、巴库斯—约翰斯顿联合啤酒公司、卡亚俄沿岸航行船员工会、佃农（亚纳科纳）总联合会、原住民地区联合会、利马当地工人联合会等组织的领导人都去过这位导师的家。整个一代知识分子、艺术家、工会和学生领袖会集到在他家举行的议论和聚谈周围，而这些议论和谈话对秘鲁一场新的精神和政治运动产生了深刻影响。

1926 年 2 月，出版了第一期《图书与杂志》，那是米内尔瓦出版社的宣传小册子，发表对秘鲁和国外主要出版物的书评、文学批评以及科学和艺术消息。这份简报后来成了《阿毛塔》杂志的一个版块。

1926 年 9 月，《阿毛塔》杂志第一期出版，从一开始它就要成为一项集体任务的产物，成为一场以“在新世界中创建新秘鲁”的坚定意志为共同目标的思想和精神运动的机关报。《阿毛塔》杂志要把这场新运动连成一体，创造一个思考和讨论空间，最终影响秘鲁社会的意识，并在秘鲁与世界最先进的社会、政治和文化思想之间架设一座桥梁。

从创办时起，《阿毛塔》每月定期出版，并拥有很大一群撰稿人。[①]不久它就传遍全国，零售点和撰稿人几乎遍及全国各地。印数不断增加，很快受到人们欢迎，深入到广大知识分子、工人和学生读者之中。

1926 年 12 月 1 日，举行当地工人联合会第二次代表大会，有首都数个行业的代表团参加，会议举行了将近 6 个月，成为该国持续时间最长的工人代表大会之一。马里亚特吉通过写给大会的一封信，批评会议没有做认真的准备工作，辩论学说倾向也不合时宜；还特别指出必须通过无产阶级团结的纲领将劳动者组织起来，号召立即在阶级斗争原则的基础上组建全国总工会。

1927 年，拉美和欧洲掀起了反对美国帝国主义的强大的抗议行动。

---

① 其中有何塞·塞沃加尔、玛丽亚·维塞、胡利亚·科德西多、卡米洛·布拉斯、乌戈·佩斯塞、阿曼多·巴桑、卡洛斯·曼努埃尔·科克斯、阿维利诺·纳瓦罗、曼努埃尔·塞尔帕、欧亨尼奥·加罗、卡洛斯·贝拉斯克斯、福斯托·波萨达、胡安·德维斯科维、布兰卡·鲁斯·布卢姆·德帕拉·德列戈、米格尔·阿德莱尔、曼努埃尔·巴斯克斯·迪亚斯、维克托·莫德斯托·比利亚维森西奥和阿尔维托·纪廉等人。

美国国会批准一项法律，“授权总统派遣陆军和海军陆战队官兵在军事和航海事务中协助拉美共和国政府”[1]。在这项法律的庇护下，美国一直以保护美国利益免受拉美布尔什维克威胁为借口，开展一系列战争行动。美国试图用这样的措施，在它的监督下组建和训练当地的武装集团，让它们为系统的军事干涉和在拉美特别是加勒比和中美洲地区国家的国内政治中充当后盾。这使得拉美处于美国动用武力和军事干涉的明显威胁之下。美国的军事干涉果真系统地发生了，最严重也最吸引世界关注的一次就是入侵尼加拉瓜。

1926 年 5 月 2 日，美国海军陆战队以保护美国人生命和财产为借口，在尼加拉瓜布卢菲尔兹登陆。同时，武装起来的尼加拉瓜自由派分子，在被任命为“护宪军”首领的何塞·马里亚·蒙卡达将军指挥下，在太平洋和大西洋海岸登陆，内战就此爆发。同年 11 月和 12 月又有美国海军陆战队登陆，强化对尼加拉瓜的军事干涉，这一次的目的是消灭一位高举“祖国和自由”民族主义旗帜的工人——奥古斯托·B. 桑地诺的游击队。

面对这样的事态，世界很快做出反应，既有支持美国入侵的，例如意大利本尼托·墨索里尼政府和英国政府，[2] 也有抨击和抗议美帝国主义与政治和军事干涉的。1927 年初，在巴黎举行了一次声援尼加拉瓜人民的会议，会议由阿根廷反帝联盟（Liga Antiimperialista Argentina）总书记任主席，参加者有维克托·劳尔·阿亚·德拉托雷、阿尔维托、乌略亚（圣马科斯大学教授）、Sai Ting（中国国民党代表）、胡利奥·安东尼奥·梅利亚[3]、维森特·维多夫罗（智利诗人），以及多个行业和反帝组织的知识分子和政治代表。后来在巴黎成立了反对殖民压迫斗争联盟，并召开了一次各国被压迫人民的国际代表大会。在比利时社会党（原文

---

① 戈雷戈里奥·塞尔塞尔：《外国干涉拉美大事记》第三卷·“1899～1945 年”，墨西哥，墨西哥国立自治大学，2001 年，第 444 页。

② 这两国政府给美国政府致信和发通告，请求美国在尼加拉瓜保护它们的利益。

③ 胡利奥·安东尼奥·梅利亚，古巴知识分子，拉美革命思想最杰出人物之一，以大陆委员会书记和世界反对压迫和帝国主义代表大会组织者身份，代表古巴、墨西哥和中美洲其他国家反帝联盟与会。

如此。——译注）政府保护下，大会最终于1927年2月10日在布鲁塞尔举行。137个国家的150多名代表出席了这次会议，从而成为20年代举行的最重要和最有代表性的反帝会议。

另外，拉美的反帝动员具有了非常重要的政治意义。哥伦比亚社会党就是这样的情况，它宣布作为自己的主要任务之一，将组建由工人、农民和能够开展群众性反帝革命行动的那部分小资产阶级参加的反帝联盟哥伦比亚分部。而马里亚特吉则积极参加这场大规模的国际运动，密切关注着拉美和欧洲的事态，并努力思考和做出解释。在下面引述的这段话中，他说明了美国帝国主义政策的物质基础：

> 如果美国资本主义不能扩大它的领地，它就必不可免地进入危机时期。美国已经在忍受它黄金过剩和农工业生产过剩的后果。它的银行业和工业迫切需要为自己确保更大的市场（……）美国比任何时候更需要回到美洲大陆，这里的战争已经使它部分地排除了从前无所不能的英国影响（……）由于这些理由，拉美舆论不认为尼加拉瓜冲突是一场与其利益毫不相干的冲突。[①]

应该指出，马里亚特吉对帝国主义进程的思考不是局限于美洲大陆和美国帝国主义，而是认为这种现象是世界资本主义全球发展的一部分。他指出："帝国主义的攻势绝对而且明显是有原因的，是维护资产阶级秩序的需要。只有依靠剥削殖民地，英国、德国、法国、意大利的资产阶级才能给劳动者阶级提供最低的必要福利，来阻止再次出现强有力的革命。"[②] 因此，反帝斗争也是革命斗争的一部分。

1927年6月5日，莱吉亚政府以发现光明工人出版社会议上有共产

① 何塞·卡洛斯·马里亚特吉：《美帝国主义在尼加拉瓜》，载《世界》杂志，1929年8月23日，后收入他的《我们美洲的课题》，见《马里亚特吉全集》，利马，阿毛塔出版社，1994年。

② 何塞·卡洛斯·马里亚特吉：《布鲁塞尔反帝代表大会》，载《万象》杂志，1927年2月19日，见《马里亚特吉全集》，利马，阿毛塔出版社，1994年。

主义密谋为借口，发起新的镇压攻势。当天夜里拘捕了主要的工人和学生领导人，还有包括何塞·卡洛斯·马里亚特吉在内的知识分子，政府称马里亚特吉是“秘鲁整个共产主义运动的主要筹划者”。[①] 因身体虚弱，他被囚禁在圣巴托洛梅军人医院。镇压行动是由利马市长何塞·弗朗西斯科·马里亚特吉一手领导的，此外，他还下令闯进一些知识分子的住宅，没收他们特别是《阿毛塔》杂志撰稿人的个人档案，查封所有行会和学生代表机构。这次镇压的另一个行动是封闭米内尔瓦出版社和查封《阿毛塔》杂志，因为在4月和5月的最近两期上，开展了广泛的反对美国帝国主义的运动。这样便开始了对工人积极分子和领导人的新的迫害，从这一天起禁止任何工会活动。

马里亚特吉从囚禁地写了一封掷地有声的辩护信，表示对他在文章中表达的思想负责，驳斥对他“参加惊险离奇的颠覆密谋”的指控，同时宣布自己是“供认不讳的马克思主义者”，而不是什么会促使他参加警方指控的荒唐的阴谋活动的乌托邦主义，否认他与俄罗斯、欧洲和拉美共产党总部有任何联系；此外，他还提请人们注意，全世界有许多不信仰共产主义的知识分子也在支持《阿毛塔》杂志。他在信中最后写道：“我不逃避和减轻我的责任。我骄傲地承认对我的言论的责任。但我认为，根据法律，言论不该受到警方和法庭的审查和惩罚。人们一致普遍承认我有两个优点：我的言论中有一点智慧和坦率。”他还写道：“因此，我有某种权利让人们听我讲话，并相信一个与我的态度和我的学说严格一致的论断，那就是我与任何一种拉美土生白人的密谋、任何一种仍然可以在这里产生‘阴谋活动’老传统的那些密谋毫不相干。革命这个词有着另外的词义和另外的含义……”[②]

这封信在国内和国际公众舆论中产生了巨大影响，知识界开展了一场

---

① 政府部长塞莱斯蒂诺·曼切戈·穆尼奥斯在他举行的新闻招待会上通报1927年6月5日警方行动时使用的字眼。

② 何塞·卡洛斯·马里亚特吉致《新闻报》的信，1927年6月10日写自圣巴托洛梅医院。见《马里亚特吉全集》，利马，阿毛塔出版社，1994年。

大规模运动，要求释放马里亚特吉，反对查封《阿毛塔》杂志。参加运动的人士有阿莱霍·卡彭铁尔、胡安·马里内略、玛格达·波塔尔、萨拉·帕斯夸尔、华金·加西亚·蒙赫等。这对莱吉亚政府造成极大压力，政府被迫下令让马里亚特吉回住所，但须接受警方监视。在这种情况下，他的政治活动受到严格限制，因此他要求搬到附近乔西卡市的一座安静房子去居住，以便能有些许行动和联络自由，否则是无法得到这种自由的。

通过写给哥斯达黎加《美洲文集》杂志的一封信，马里亚特吉揭露了秘鲁和其他拉美国家镇压攻势的帝国主义本质，现引述如下：

> ……不是因为我们要求这样那样的自由，而是因为我们以西班牙美洲新觉醒的名义，要求日益受到美帝国主义威胁和坑害的秘鲁的经济和精神自主才镇压我们（……）秘鲁的镇压与古巴和玻利维亚的类似迫害同时发生，这清楚地表明这次用可笑的“共产主义密谋”闹剧掩盖其目的的反动攻势的真正起因。在对美国资本主义欠债最多（仅仅少于中美洲）的这三个国家，警察和宪兵同时而且几乎一致地动员起来，拘捕因反帝抗议行动而受陷害最深的先进作家、学生和工人，这样的事不可能是纯属偶然。[①]

封闭六个月后，《阿毛塔》杂志于1927年12月再次出版，开始不经审查也未向警方的任何“劝告”妥协地重新传播。

2.3　成立秘鲁总工会与创建社会党

1928年初，维克托·劳尔·阿亚·德拉托雷结束欧洲之行回到墨西哥，制订了“墨西哥计划”。计划概述了一项包括三大要点的政治行动，

① 何塞·卡洛斯·马里亚特吉致《美洲文集》杂志社社长华金·加西亚·蒙赫的信，1927年11月5日在哥斯达黎加圣何塞发表。

即将美洲人民革命联盟（阿普拉）这个政治阵线改建成政党，名字叫作秘鲁民族主义解放党；推出阿亚·德拉托雷作为1929～1934年秘鲁总统的候选人；准备在秘鲁北部发动反对莱吉亚政权的武装起义。在这项计划的基础上，由居住在墨西哥的退伍陆军上尉费利佩·伊帕拉吉雷指挥发动政变。伊帕拉吉雷在北部地区登陆，首先与该地区的阿普拉支部和一些军人取得联系。结果伊帕拉吉雷被政府的特工发现，立即关进监狱；同时阿亚·德拉托雷在墨西哥被捕，放逐到德国，兵变就此被粉碎。

马里亚特吉严厉批评这次政变企图，称它是“考迪罗式个人主义”做法，是小资产阶级绝望地采取的方法，更像是莱吉亚的政策；只是因为感到自己受到排挤，才用好斗的态度来攻击莱吉亚，是“年轻人对持续时间太久的家长的叛逆行为”。[①] 关于美洲人民革命联盟作为政治工具这种性质的分歧，可以概括为两种不同的立场：阿亚·德拉托雷认为，美洲人民革命联盟应该成为一个在拉美各国拥有核心的政党，并将反帝斗争作为其他斗争都要服从的主要纲领；而马里亚特吉认为，在反帝斗争包含在一场更广泛的争取社会主义斗争的情况下，美洲人民革命联盟应该继续是一个政治阵线。这场争论以马里亚特吉退出美洲人民革命联盟队伍而告终。阿亚·德拉托雷与马里亚特吉关于反帝斗争性质的辩论，在秘鲁政治著作中有广泛论述，在本书最后一章也将涉及，但仅限于在《阿毛塔》杂志的范围内。

这样一来，作为政治定位的当然过程，马里亚特吉全力以赴地开始组建秘鲁社会党，因为这时，秘鲁工人运动已经具备了组织性，再加上与阿亚·德拉托雷的辩论和决裂，建党条件已经成熟。1928年10月7日，与马里亚特吉联系密切的政界和知识界积极分子举行了一次会议，[②]

① 引自马里亚特吉一封人所不知的信，后于1977年6月16日在利马发表。见吉列尔莫·路易利翁《何塞·卡洛斯·马里亚特吉的英雄的创造》第二卷·革命时期（1920～1930），利马，阿毛塔出版社，1975年，注释622。

② 会议在阿韦里诺·纳瓦罗位于利马巴兰科区的家中举行。参加者有何塞·卡洛斯·马里亚特吉、胡利奥·波托卡雷罗、里卡多·马丁内斯·德拉托雷、贝尔纳多·雷格曼、卢西亚诺·卡斯蒂略、费尔南多·查韦斯·莱昂、阿韦里诺·纳瓦罗、曼努埃尔·伊诺霍萨和费尔南多·博尔哈。

会上成立了秘鲁社会党建党小组，任命马里亚特吉本人为总书记，并委托他起草党纲，任命胡利奥·波托卡雷罗为工会书记，任命里卡多·马丁内斯·德拉托雷为宣传书记，任命贝尔纳多·雷格曼为司库。会上通过了建党纪要，鉴于纪要的重要意义，现引述如下：

> 签署者宣布已组成一个委员会，委员会决心根据下述观念在工农民众中开展工作：
>
> (1) 纯阶级性的工人和农民组织是我们努力和我们宣传的对象，是反对外国帝国主义和本国资产阶级斗争的基础。
>
> (2) 为了维护城乡劳动者的利益，委员会将积极推动组建工厂、庄园等的工会，推动将这些工会联合成产业工会，推动将产业工会联合成全国总工会。
>
> (3) 政治斗争要求建立阶级的政党，委员会将坚持不懈地努力，以便使其阶级的革命观点在党的组建和方针上居于主导地位。根据秘鲁当前的具体条件，委员会将促成建立以有组织的工人和农民为基础的秘鲁社会党。
>
> (4) 为了防范削弱士气的镇压和迫害，工人和农民工会应努力争取劳工部门（Sección del Trabajo）对自己的承认。在章程中，工会的原则声明应该仅限于说明其阶级性质和其致力于创建和维护劳工总联合会的义务。
>
> (5) 我们努力要组建的工会组织和社会党，将可能接受与小资产阶级组织或团体结成统一阵线或联盟的策略，只要这样的组织或团体切实代表一场民众的并且有具体确定的目的和要求的运动。
>
> (6) 委员会将按照严格的级别关系，着手在全共和国组建委员会，在所有劳动中心组建支部。[①]

① 《秘鲁社会党成立纪要》，利马，1928年10月7日，http://www.marxist.org.uk.espanol-mariateg-7oct1928.htm。

马里亚特吉开始了广泛的建党工作，对此付出了几乎全部心血。虽然受身体状况所限，但他坚持与工人、学生和农民领导人、政治干部和进步知识分子保持经常联系，在他位于华盛顿左街的家里与他们会晤，最后这个家成了政治联络的中心。书信联络也是党内讨论和传播政治与组织方针的一个重要工具，甚至成了招收党员的一种手段，这从下面引文中可以看到：

> 凡是能回国的同志都回来是可取的，也是特别必要的。如果你乐意回来，就应该准备启程。在国外，没有遵守严格学习纪律的人，如果没有绝对地投身于居住国的无产阶级运动，就与我们的工人阶级断绝了联系，就远离了我们的问题。这里则不然，他们将保持与我们的民众和我们的问题的联系……①

在马里亚特吉的书信档案中，找到写给党的干部，以分析各条阵线政治形势并指导政治斗争各个时期组织行动和权利要求的信件是毫不奇怪的。下面，我们看看其中一封的摘要：

> 企业拒绝同意增加工资。政府当然保护它们。面对这种情况，重要的是工人们利用他们运动的经验，巩固和发展他们的组织，实现在奥罗亚、塞罗·德帕斯科和该省其他矿业中心组建工会分部。不应该出于任何动机陷入挑衅的圈套。如果做出什么不理智的反应，必然招致暴力镇压（……）必须按照产业组织起来。此外，中部（矿业公司）矿工和铸工工会将是秘鲁矿工联合会的起点。②

由于政治影响越来越大，马里亚特吉成了莱吉亚政府心目中最危险

---

① 1929 年 9 月 25 日马里亚特吉致埃斯特万·巴甫列蒂奇的信，见《马里亚特吉全集》，利马，阿毛塔出版社，1994 年。

② 1929 年 9 月 16 日何塞·卡洛斯·马里亚特吉致莫伊塞斯·阿罗约·波萨达的信，见《马里亚特吉全集》，利马，阿毛塔出版社，1994 年。

的分子。自从 1927 年 5 月暂时查封《阿毛塔》杂志以后，政府开始对他进行系统迫害，没收他的信件，威胁发表他文章的媒体，警察对去他家的人跟踪盯梢，等等。这种迫害和隔绝政策甚至发展到更加暴力的行动，例如 1929 年 11 月 8 日非法侵入马里亚特吉的家，没收他个人和阿毛塔出版公司的档案。这件事发生后，马里亚特吉说他决定去布宜诺斯艾利斯定居，以便在那里继续出版《阿毛塔》，同时宣布：

> ……我回到了两年前另一次侵犯之后的决定：决定只要有某种可能的方式，就在秘鲁为我的思想而战斗。我有权利休息一下，过一段安静日子。但我不想让人们以为我放弃了阵地。放逐者和流放者的角色或许更加轻松；但吸引我的总是艰难的事情。①

通过 1929 年 4 月 30 日和 5 月 1 日在利马汽车司机工会所在地举行的两次人民代表大会，5 月成立了秘鲁总工会。几个月后，在马里亚特吉为社长的《劳动报》上发表了秘鲁总工会成立宣言。这份面向秘鲁劳工阶级的文件分析了工业无产阶级、青年、妇女、农业无产阶级、农民和原住民问题，总结了外来移民和社会法律问题。新诞生的总工会的纲领概括为六点：遵守八小时工作制；女工和 18 岁以下工人每周工作 40 小时；工人有组织起来的权利；印刷、出版、集会和工人演说自由；禁止学徒工无偿劳动；同工同酬权利。宣言最后号召城乡劳动者组织起来，这个口号总结了工会斗争的含义。无论在提出政治方针，还是在培养领导人方面，马里亚特吉在秘鲁总工会的酝酿和成立过程中都发挥了决定性影响。

秘鲁社会党和秘鲁总工会的成立表明，秘鲁左派在政治成熟方面取得重要进展，并为整个 20 世纪开展的斗争和发生的政治事件打上了深刻烙印。这无疑是马里亚特吉留给秘鲁近代史的最重要遗产之一。

---

① 1929 年 11 月 26 日何塞·卡洛斯·马里亚特吉致华金·加西亚·蒙赫的信，见《马里亚特吉全集》，利马，阿毛塔出版社，1994 年。

2.4 最后的斗争和著作的影响

1930年3月初，马里亚特吉正在准备阿根廷之行时，突然旧病复发，而且来势比任何时候都凶猛，只得紧急住进比利亚兰私人医院。一群医生不知疲倦地会诊，试图遏制感染，但没有成功。经过几个星期为挽救生命的徒劳努力，马里亚特吉经历了几个小时的极度痛苦，最终在4月16日上午故去。

1930年4月17日，大批工人和学生去对马里亚特吉表示最后的崇敬。他们肩抬覆盖着红旗的马里亚特吉遗体从华盛顿街出发，穿行利马街道，直到利马长老墓地。静默的行进偶尔被劳动者之歌——《国际歌》打断，参加安葬仪式的人群唱道："这是最后的斗争！"

秘鲁总工会向利马无产者和农民发出激动人心的号召：

> 同志们：无产阶级队伍刚刚失去了它的一位最优秀的战士。我们的战士何塞·卡洛斯·马里亚特吉故去了。总工会向地区的无产阶级发出这个号召，邀请你们全体去参加安葬仪式。4月17日星期四下午四点，送葬队伍从华盛顿左街970号出发。劳动者们：用你们的肩膀去抬秘鲁第一位无产阶级知识分子的遗体。秘鲁总工会。

何塞·卡洛斯·马里亚特吉尽管在36岁时英年早逝，但他留下了大量的政治、文化和理论著作遗产，这表现在他的出版计划（我们将在下面章节中谈到）、创建秘鲁总工会和秘鲁社会党，以及为了构建一种国家特性和构建一个国家计划（如今这仍是一件悬而未决的任务）而对关键要素的理解上。

马里亚特吉撰写的著作涉及面非常广泛。他于1925年发表第一部著作，名叫《当代舞台》，收集了1923年以前在多家利马杂志上发表的关于“世界生活的外观和景象”文章的一部分。1928 年发表的全世界最著名和传播最广的著作《关于秘鲁国情的七篇论文》，一问世就产生了极大的国际影响，并成为理解秘鲁和拉美历史进程最重要的参考文献，是全世界译成其他文字最多的秘鲁图书之一。同年，马里亚特吉准备发表《今天的人早晨的心灵和其他季节》和《捍卫马克思主义：革命论战》，想通过萨穆埃尔·格鲁斯伯戈的出版社在阿根廷出版。

在马里亚特吉·恰佩一家的顽强工作下，马里亚特吉故去后出版了八部著作，收集了他在人民大学发表的演讲以及关于多方面问题的未发表过的文章。这些著作是：《今天的人早晨的心灵和其他季节》（1950 年）；《捍卫马克思主义》（1959 年），包括由家人组稿的第二部，题目叫《反动派的理论与实践》；《小说与生活：西戈弗里德与卡内利亚教授》（1955 年）；《我们美洲的课题》（1959 年）；《世界危机史》（1959 年）；《意识形态与政治》（1969 年）；《意大利来信》（1969 年）；《让我们把秘鲁秘鲁化》（1970 年）；《教育问题》（1970 年），和《世界生活的外观和景象》（1970 年）。

1911 ~ 1919 年他在青年时期的文学作品包括 17 篇短篇小说、两部戏剧和 52 首诗，都发表在当时利马的几家杂志上。此外还有大量政治分析的新闻作品。若想更清楚地了解马里亚特吉的著作，可参阅附录二。

2.5　马里亚特吉理论与实践的统一

在本书第一章和第二章中，我们讲了马里亚特吉生平和著作的主要情况，这些情况体现了一种以理论与实践之间辩证关系为核心的思想。这种辩证关系在于用一个理论体系来分析历史现实，这个理论体系是在一个理论框架中形成的一整套抽象系统。同时，这个理论框架是在具体的历史时刻揭示社会现实的一种历史产物。这一理论框架一经掌握，就变成一种观察和解释世界、同时产生新理论的方式。

马里亚特吉掌握了马克思主义的这个理论框架，试图把秘鲁现实理解和解释成更加广泛的历史进程的一部分，同时又是一种特殊的文明和社会结构——土著文明——的历史结果。马里亚特吉的著作不仅是理论性的，也是政治性和文化性的。我们已经指出了马里亚特吉生平和著作中理论与实践相结合，从而构成一种更广泛意义实践的六个方面。

在下面绘制的图形中，我们试图根据他的政治和文化实践，提出一种了解马里亚特吉思想的方式，因为他的实践是思想和行动相结合的最佳表现，并且能够说明他的主张的创建性意义。

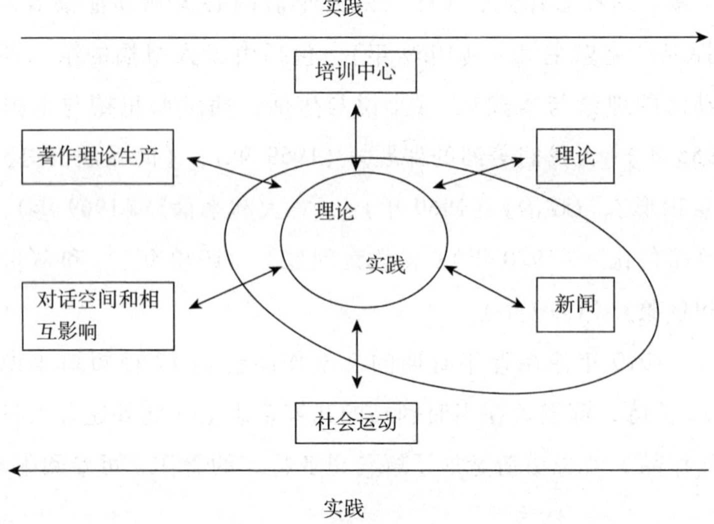

我们把包括理论与实践辩证关系的核心画在图的中心。这个核心扩展成六个方面，我们认为，这些方面构成马里亚特吉的政治和文化实践，以及他的思想建设的重要空间。

（1）理论。它是作为已经掌握的理论框架出现的，因此与理论—实践这个中间的核心相关联。

（2）著作。作为理论产品，它是理论掌握与政治和文化实践的结合，而这样的结合又能够产生新的理论。就马里亚特吉而言，这种理论产品反映在打开了解释秘鲁现实的新角度的著述中。

（3）社会运动。在马里亚特吉的文化和政治修养及著作中，社会运动是一项重要的内容，是出发点和目的地。正如何塞·阿里科[①]指出，马里亚特吉用一种非贵族的方式来理解知识分子与民众的关系，这在组织民众运动和构建革命意识形态主体中或许是一个决定性因素。马里亚特吉对革命进程有一个高度民主的看法，把它看作一场能够变成集体意志的自主性社会运动的全国性爆发，而且只有这样，革命进程才是名副其实的。

（4）对话与相互影响空间。对话与相互影响空间在马里亚特吉的知识构成和生产中是一个持久的因素。孩童时期，当住在“疗养院”几个月度过第一次健康危机期间，他就与过往那里的法国“朋友”进行长时间谈话，与负责圣何塞·德克鲁尼疗养院的修女进行交流和对话。吉列尔莫·路易利翁指出，[②] 在马里亚特吉身上，可能从这样的对话中产生出一种神秘性和宗教精神。尽管后来青年时期他与宗教信仰决裂，但是作为形成的神秘性及其革命力的表现，这种精神仍然保持了下来。后来做报人时，我们看到，这种对话采取了20世纪20年代非常流行的、知识分子在咖啡馆长时间进行文学和文化聚谈会的形式，这是一种常见的表现形式。这种文化和文学聚谈空间后来又为政治和文化性质的聚会所取代，这样的聚会虽然没有放弃关于艺术、文学、美学等方面的对话，但由于有政治和学说辩论，其内容却更加丰富。正是马里亚特吉自己的住所成了这些聚会的实体空间，参加者不仅有艺术家和知识分子，而且还有学生、工人、全国的工会领导人以及秘鲁社会党的干部等等。

（5）培训中心。培训中心一直是马里亚特吉理论和实践中的校外空间，其中具有重大意义的场所就是人民大学。第一，因为人民大学代表了秘鲁政治经历中学生运动与工人运动结合最好的时期之一。第二，因为它们成了工人自己领导的工人运动接受培训和了解信息的空间。通过

---

① 何塞·阿里科：《何塞·卡洛斯·马里亚特吉与秘鲁社会党的组建》，载《社会主义与参加》，第11期，1980年9月。

② 吉列尔莫·路易利翁：《何塞·卡洛斯·马里亚特吉的英雄的创造》第二卷·革命时期（1920~1930），利马，阿毛塔出版社，1975年。作者未标明页码。——译注

作为“冈萨雷斯·普拉达人民大学教师”的直接参加，马里亚特吉把全新的内容——包括国际形势分析和世界社会斗争的历史总结——引进了教学领域，从而开创了秘鲁工人运动教育和培训工作的新课题和新方法。

马里亚特吉在人民大学开始（通过秘鲁社会主义运动最先进分子参加的）并在自己家中继续进行的教学工作，使他成了整个一代政治、学生和工人领导人的导师，而这些人后来在组成秘鲁左派中发挥了重要作用。同时，这些培训空间也成为马里亚特吉政治实践的重要手段。

（6）新闻。新闻是马里亚特吉理论工作与政治实践相结合的空间。据我们理解，这种关系中有两个方面。第一方面与文化工作及理论和学说辩论有关，而理论和学说辩论则在他反对资产阶级新闻业的意识形态斗争中，使革命新闻业具有意义。第二方面反映了从文化运动、辩论和革命新闻业开展的理论生产中派生出的政治实践。从这种意义上说，新闻业是理论辩论与政治实践相结合的最佳空间。

在本书第二部，我们将阐述马里亚特吉的新闻观，以及这种观念在一项出版计划和《阿毛塔》杂志——这份杂志是他的理论主张与政治和文化实践相结合的产物——上的具体表现。

第二部

理论与实践统一总体构想中的新闻

第三章　马里亚特吉的新闻观

3.1　19 世纪末至 20 世纪初的秘鲁新闻

秘鲁是摆脱西班牙殖民统治的独立斗争的重要中心之一，因此，具有非常活跃和多样化新闻的悠久传统，出版了大型报纸、杂志和鼓动性传单等。马里亚特吉在 20 世纪 20 年代开始新闻工作，那是秘鲁经济、社会和政治基础深刻变革的时代，其特点就是出现了开始与传统的农业—出口部门并存的工业部门。这种状况为社会斗争进程注入了新的活力，使这一进程开始将行动中心转向城市，并将城市—产业工人作为自己主要的动员主体。这一进程也使秘鲁新闻业发生了如下深刻变化：尽管直到今天首都利马依然是产生和传播新闻的主要中心，但新闻业开始注重大型媒体在全国的传播和发行；开始出现地方和地区性以及具有部门兴趣的报纸和杂志，以满足对专业化消息的特殊需要；由于得到了能够大批量印制的现代印刷机，报纸逐渐成为大型产业；出现了工人的新闻业，并通过在地方或地区、部分在全国传播的[1]数量众多的简报、杂志、鼓动性传单和报纸，逐渐取得极大活力。

① 何塞·卡洛斯·马里亚特吉和塞萨尔·法尔孔创办的《理性报》就是如此，虽然只在三个月里昙花一现，但最终传播到了全国主要城市。

1. 大型报纸

秘鲁的大型报纸通常与某个政党有关联，或者是以支持某位总统候选人资格为目的而出现的。19 世纪末最早广泛发行的报纸是《秘鲁人报》、《商报》、《民族报》（文官主义党倾向）和《民族舆论报》，还有一些生存比较短暂的报纸，如文官党的机关报《法律报》，自由民主党的喉舌《共和国报》，以及比林古尔斯特出资、何塞·桑托斯·乔卡诺领导的《二十世纪报》等。

秘鲁外国人的有线新闻业创办于 1884 年，第一份用莱诺活字铸排机印刷的报纸于 1904 年开始运行。[①] 这两种服务是由《商报》引进的，该报是秘鲁最早报纸之一，创办于 1855 年，至今仍在印行。这份保守派报纸的理想是“崇尚国内和平，反对无政府状态，谴责激进主义与口头和绝对改革”。[②]

后来到 20 世纪初，创办了《新闻报》、民主派的喉舌《国家报》、《早报》和《人民报》。1912 年，《纪事报》问世，它引进了一种对利马来说的新型开本——一份十六页的小报。20 世纪最初 20 年间陆续还有其他一些报纸，包括教会的报纸《融合或传统》。但我们要特别讲到其中的两份，一份是《新闻报》，那是马里亚特吉开始新闻工作的具有自由倾向的报纸；另一份是《时代报》，是在佩德罗·鲁伊斯·布拉沃领导下于 1916 年创办的，马里亚特吉离开《新闻报》后也为它撰稿。《时代报》是具有明确反对帕尔多政府倾向的报纸，其主要目的是准备推举奥古斯托·B. 莱吉亚为总统候选人，因此最终造成马里亚特吉和塞萨尔·法尔孔两位专栏作家与其决裂。如同本书前面章节所述，他们两人离开该报，于 1919 年 5 月创办了《理性报》。

1919 ~ 1930 年，奥古斯托·B. 莱吉亚独裁统治期间，出现了新报纸，计有《太阳报》《世界报》《晚报》（该报与马里亚特吉在 1917 年为对抗《日报》而出版的一份昙花一现的报纸同名，《日报》出现得

---

① 豪尔赫·巴萨德雷：《秘鲁共和国历史》，1968 年。作者未注明卷数和页码。——译注

② 豪尔赫·巴萨德雷：《秘鲁共和国历史》，1968 年。作者未注明卷数和页码。——译注

略早一点）。自1921年起，由于莱吉亚压制舆论自由的政策进一步强化，秘鲁新闻界所有反对派倾向全都销声匿迹，直到1925年才重新出现。

2. 杂志

19世纪末，秘鲁已经有许多杂志使用平版印刷的先进技术，后来又使用照相凸版印刷技术。这给新闻语言注入了新的活力，用图像取代了长篇描述。就是在这个时期，出现了关于政治、社会、艺术、戏剧、体育和斗牛的周刊，从而激励了文学生产。[①] 新闻工作的专业化以《时事》（*Actualidades*）杂志（1903～1909年）为开端，因为它是最先建立有偿撰稿制的，其他杂志和报纸也不得不仿照实行。

19世纪最重要的杂志有《秘鲁艺术》半月刊（1893～1896年）；《薄雾》周刊（1894～1895年）；《秘鲁画报》（1895～1896年），这是第一份使用照相凸版印刷的杂志；《大杂志》（1897～1898年），是最多样化的杂志之一，报道文学、艺术、科学、新闻、社交生活、体育、戏剧、时尚等方面的消息；报道家庭内容的《家庭》（1895～1897年），和与前者一样报道家庭内容的《秘鲁的未来》；文学和科学杂志《启明星》（1894～1899年，1903～1908年）；文学和艺术杂志《现代主义》（1900～1901年）；此外还有《先锋》（1898年），《里马克河》（1899年），《利马画报》（1898～1904年），《新事物》（*Novedades*，1903～1904年），《时事》（1903～1909年）和《三棱镜》（1905～1907年）。特别值得一提的是马里亚特吉撰稿的《万象》杂志（1908～1930年），报道政治和社会时事、艺术、文学及广大读者感兴趣的其他内容。

20世纪初，出现了一系列幽默和政治讽刺性杂志，其中可以一提的有《猴子与蠢相》（*Monosy Monadas*，1905～1907年），是一份“诙谐和讽刺周刊”；《掌声和嘘声》（*Aplausosy Silbidos*，1906年），报道与戏剧和斗牛术有关的内容；“诙谐和讽刺性”周刊《赫德昂》（*Gedeón*，1907

---

① 豪尔赫·巴萨德雷：《秘鲁共和国历史》第十五卷，1968年，第166页。

年），《普克》（*Puck*，1910 年），《您好?》（1910 年）和《带上我!》（1911 年）等。

还应该指出，有数量众多的文学杂志，大学杂志——特别是与圣马科斯大学各系有关的杂志，科学杂志——既有纯科学的也有燃料和工程学的，农业杂志——例如《国家农业学会简报》，［后来由《秘鲁务农人》（1905～1911 年）取而代之］，医学杂志，地理、历史和书目杂志，法学杂志，经济学杂志，教育杂志，军人杂志，宗教性杂志以及体育和斗牛杂志。

3. 工人新闻

这里特别要指出无政府主义和无产阶级的杂志，自 19 世纪末以来，它们在工人斗争和政治宣传方面发挥了重要作用。但是，这些代言者的发行是有限的和不定期的。无政府主义报纸主要有：《抗议》（1902 年，1910～1926 年），在历史上占有重要地位，是最定期出版的一种；另外，《贱民》（*Los Parias*，1904～1910 年）也占有重要地位，它得到曼努埃尔·冈萨雷斯·普拉达的积极参加。还可以提到"统一协会大会"（Asamblea de Sociedades Unidas）的喉舌《工人之声》，以及 1902 年问世的《工人机关报》半月刊，内容涉及艺术、手艺、农业和工业。此外还有昙花一现的无政府主义传单如《Semiente Roja》（1905～1910 年），《拯救与饥饿者》（1905～1910 年），以及国家内地印刷和发行的其他几种杂志。

另外还有 20 世纪最初 20 年间出现的许多无政府主义报纸，它们在秘鲁工人运动的组成和发展上具有重要历史意义，值得进行更深入的研究。这里我们只是着重指出了这类报刊的多样性，因此，我们或许不能不谈到一份杂志，由于在其版面上开展的辩论的极端重要性，它成为历史上最重要的杂志之一，那就是"弗朗西斯科·费雷尔理性主义中心"出版的《自由的篇章》（1910 年）。

秘鲁工人报刊中另一份极其重要的报纸是《理性报》，是 1919 年由马里亚特吉和塞萨尔·法尔孔创办的，在前面章节中已经谈到。这个范畴里还有一些部门性的无产阶级新闻出版物，例如泥瓦工和辅助工联合会的机关报《水平》，木工联合会出版的《建筑工人》，此外还有《印刷工人》，《汽车司机之声》，地方工人联合会机关报《互助》。还有一份《光明》杂志，该杂志于1923年由维克托·劳尔·阿亚·德拉托雷创办，在他流放离开秘鲁时，自第四期起由马里亚特吉任主编。这份杂志前面也曾提到过，是作为地方工人联合会机关报出版的。

3.2　理论参考

逗留欧洲期间，马里亚特吉继续开展火热的新闻工作，以国际通讯员的身份关注着具有重大意义的历史事件。20世纪20年代初期，整个欧洲受到布尔什维克革命与社会民主党和社会党领导的大规模群众动员的深刻影响，这些动员动摇着欧洲各国社会的基础。马里亚特吉首先在意大利后来在法国和德国目睹了这一进程，并以战斗精神参加了后来发展为意大利共产党的意大利社会党的活动。他从意大利左派新闻特别是《新秩序》的精神中汲取营养，认为那是一种新型工人新闻。

布尔什维克革命也对拉美左派思想产生了很大影响，为该地区革命组织的建立和工人运动的斗争方式开辟了新的政治前景。

马里亚特吉欧洲之行的最终目的是去俄国直接感受革命进程，但对家庭的责任使他未能实现这个计划。尽管如此，他在欧洲不仅成为布尔什维克革命的伟大赞美者，而且成为它的研究者，因而这场革命成为他主要的理论和意识形态源泉之一。在下面的文字中，我们要讲一讲列宁和葛兰西新闻观的主要内容，以便揭示标志着马里亚特吉经历的知识和政治气候的那些理论参考。

1. 列宁的革命新闻

列宁认为，新闻的性质基本上是工具。革命新闻是党的新闻，在组织建设以及教育和政治鼓动方面具有重要作用。1902 年，列宁提出筹办《火星报》的计划，指出必须使这份报纸成为“面向全俄”[①] 的全国性报纸，其主要任务是发展、深化和扩大革命的群众组织，教导它通过广泛的政治鼓动工作支持任何抗议行动。只要党的报纸成为面向整个俄罗斯国土的全国性报纸，就能克服阶级斗争进程的地方主义观点，形成将地方的现实和斗争看作更广阔和更复杂的社会和政治现实一部分的总体（totalidad）观点。

列宁认为，如果党的报纸能够建立一种总体观点，不仅成为集体的宣传员和鼓动员，而且成为能够把全党的政治工作连成一体的集体的组织者，那么，党的新闻才能发挥它的组织作用。那样，新闻的组织工作才能比作竖立在建设中的大楼周围、便于各个建设者联络、帮助他们分配工作和观察有组织的工作取得的全面成果的脚手架。这样，党的报纸就能将党的各个部门和委员会联系起来，将地方的现实看作一个总体，同时使各个委员会对整个俄罗斯的政治和社会生活形成全面、广泛和总体的看法。

除了组织作用，列宁还特别指出革命报纸不仅对有文化的，而且对广大群众和知识分子有教育任务。这再次涉及总体看法，因为这些领导人只有通过对政治生活的各个方面，而不仅是通过他们具体的斗争和权利要求的系统和经常的判断，通过对各种抗议尝试和各个阶级的斗争的系统判断，而不是通过对简单的孤立事件或当地现实的了解来培养和教育自己，否则，就会囿于狭隘、渺小的天地。因此，革命报纸不仅对政治干部，而且对广大群众和知识分子都发挥着极端重要的教育作用。

报纸在发挥教育作用的同时，也开展了组织工作，因为根据阶级斗争的历史状况开展教育工作不仅是为了鼓励人们进行思考，而且它也用总体观点培养和教育了领导者和组织者。通过生动的政治鼓动工作，这

---

① 弗·伊·列宁：《怎么办?》，《列宁全集》，第五卷。

是可以做到的。

最后，我们要特别指出列宁认为全国性报纸意味着凝聚作用，即集中和组织一切革命力量发起全面进攻，将各个地方和部门的斗争联合起来，形成重要的政治工具。

总体观点绝不仅是个地理概念，而是了解政治现实和分析阶级斗争的方法论基础，它要将地方的现实、部门的斗争和特殊的要求结合成一个广泛和复杂得多的总体。

2. 葛兰西与新型工人新闻

马里亚特吉说，《新秩序》是一种能够开展广泛教育工作的新型工人新闻，它不仅限于政治和意识形态方面，而且包括文化和人文修养领域："《新秩序》的共产党人或许倾向于理想主义者，他们在写作中引用金梯莱和克罗齐，试图给工人提供一种更加优秀的文化，包括艺术文化。"[①] 葛兰西领导的意大利报纸不仅开展政治组织和学说辩论工作，而且开展文化工作。马里亚特吉说："……它充满了文学和革命作品，优于我们习惯于在社会主义报纸和杂志上看到的那些。"

《新秩序》第一阶段刊载的内容没有中心思想，发表的文章之间没有一点内在联系，只是一种没有个性的杂志的文集，在都灵或意大利任何其他地区同样可以出版，因而受到葛兰西的严厉批评。那是一种"平庸理智主义"的产物，试图在意大利工人阶级中"发现"苏维埃传统，揭示这种传统的"真正"精神，说它是"真正的"，因为它与工人国际的普遍精神相一致。[②]

从杂志第七期开始的《新秩序》的新阶段，代表着与以前传统的决裂，明确地提出工人委员会，即工厂的"内部委员会"问题，这些委员会是意大利工人动员的一个重要手段。对于追随者来说，随着这次转向，

---

① 马里亚特吉：《意大利文化》，图书简报，*UNMSM*，利马，2（1），1925年3月，第56～61页。参见吉列尔莫·路易利翁《何塞·卡洛斯·马里亚特吉的英雄的创造》第二卷·革命时期（1920～1930），利马，阿毛塔出版社，1975年，注释45。

② 安东尼奥·葛兰西《"新秩序"的内容》，1920年8月18日、14日。见安东尼奥·葛兰西《政治著作集（1917～1933）》，墨西哥，21世纪出版社，1998年。

《新秩序》成为“工厂委员会的报纸”,[1] 重新赢得了与工人阶层的一致，反映了都灵劳动者在日常斗争中经历的激烈的政治进程。如同葛兰西本人指出：

> 工人们为什么喜欢《新秩序》？因为他们在这份报纸的文章中找到了自己的一部分——它们最好的那一部分，因为他们觉察到，《新秩序》的文章不是生冷的知识堆砌，而是出自我们与最优秀工人的讨论，写出了由我们了解和发动起来的都灵工人阶级真实的情感、意志和激情，因为《新秩序》的文章几乎被看作是一个工人阶级内心解放和表达过程的真实事件的“记录”。[2]

如前所述，除了在最广泛的政治和文化意义上开展教育和教学工作以外，《新秩序》明显地发挥着组织都灵工人斗争的作用。那是一个都灵工人斗争的时期，在这个时期，这份报纸成为唤醒觉悟和政治动员的强有力工具，代表着工人阶级的意志和激情，并教育干部准备承担在政治行动方面提出的新任务。

为了更好地理解《新秩序》在第二阶段具有的意义，应该概述一下根据葛兰西的观点，该报纸作为政治工具[3]为自己提出的主要任务：

> (1) 在党的活动的总框架内形成共识，为此必须通过订阅和报纸友人的捐助来保障报纸的经济独立。

① 葛兰西将工厂委员会定义为一种历史结社的新形式，一种公共性的团体，而党和工会是一种私人性的结社。在“工厂委员会”里，由于它的普遍性和它在社会中的作用，工人像公民干预议会制民主国家一样，作为生产者进行干预。在党和工会中，工人是“按照契约”在签订书面承诺；在“工厂委员会”里，工人是作为资本主义产业组织的成员来参加。所以，绝对不能把党和工会与“工厂委员会”混为一谈。为了争取利益，高级形式的“工厂委员会”使资本主义为获取利润而建立的生产和交换机器表现出无产阶级性质。

② 安东尼奥·葛兰西：《“新秩序”的内容》，1920 年 8 月 18 日和 14 日，载安东尼奥·葛兰西《政治著作集（1917～1933）》，墨西哥，21 世纪出版社，1998 年，第 129 页。

③ 安东尼奥·葛兰西：《“新秩序”的内容》，1924 年 4 月 1～15 日，载安东尼奥·葛兰西《政治著作集（1917～1933）》，墨西哥，21 世纪出版社，1998 年，第 215 页。

（2）恢复自由制度，以便使《新秩序》保持与工厂群众和工人团体的紧密联系。

（3）通过函授课程开展政治培训工作，函授课程应该能够成为旨在培养组织者和宣传者的党校培训的基础和第一阶段。为此，准备建立广泛的合作者网络，以便使这种培训除了得到适当图书以外，还能丰富教学和方法论经验。

（4）促进辩论，以此作为工人阶级和党的干部思考的工具。

（5）出版一系列小册子和图书以帮助党校开展工作。这些小册子应该就马克思主义基本著作，对应用于意大利工农政府的口号的阐释，用于宣传工作的介绍意大利经济和政治生活基本情况的教科书，一部含有马克思和恩格斯等人基础文本的历史唯物主义文集做出论述。

在《“新秩序”的内容》这篇文章中，葛兰西基本上强调了党的新闻的两项任务。第一项是组织工作，在党内形成共识，促进与群众深度结合；第二项同样是组织工作，即旨在通过课程和党校来培养干部和政治宣传员的教学工作。这项教学活动提出要学习马克思主义最先进的东西，促进辩论活动，以此作为集体思考的主要工具。此外，还提出要开展出版工作，以便向群众和党的积极分子提供马克思主义和关于意大利社会及经济现实的著作。为思考创造条件，以便推动思想辩论，并通过出版工作让广大群众得到马克思主义著作来强化这项工作，后来马里亚特吉也采用了葛兰西的这种做法。

3.3　马里亚特吉和他的新闻观

马里亚特吉认为，新闻是政治斗争中的一种重要工具，因此，应该超越党的范围（因为党把新闻局限于党员读者），而使其能够与资产阶级的大型产业新闻竞争。不存在也不可能存在报道是客观的资产阶级新闻，因为资产阶级新闻是迎合其阶级利益的大型产业。马里亚特吉认为，资产阶级新闻的报道作用，与其宣称的相反，是封锁消息、宣传保守思想、将革命思想和行为妖魔化。

1. 学说性新闻和报道性新闻

马里亚特吉认为，基本上存在着两种革命新闻：学说性新闻和报道性新闻。第一种，即学说性新闻倾向于是一种党的新闻，其读者是有限的，由党员和同情者组成，内容也是有限的，更注重学说方面。

马里亚特吉认为，学说性新闻的巨大障碍是不能得到广大、多样的知识分子阶层的合作，并举出《光明》杂志失败的经历以为例证。该杂志在变成学说性杂志《阶级斗争》后，不仅在读者公众，而且在与其合作的知识分子中间失去了大片空间。

> 没有《光明》从作为思想国际（Internacional del pensamiento）的机关报出现，到变成极左学说性杂志《阶级斗争》期间经历的一系列试验，就不可能有《世界》这份杂志。像失败的智力国际（Internacional de la Inteligencia）一样，《光明》的实验证明，不可能得到非常广泛的，因而有着强烈差别的左派知识分子阶层对一项非常一致的学说行动的合作。[①]

因此，必须清楚地认识到，学说路线是党所特有的。知识分子不能以知识分子的身份联合起来取代党发挥学说职能。充其量他们可以为调查研究、思想辩论和批评提供素材。[②]

与学说性新闻相反，报道性新闻有更广泛的基础，试图接近广大公

---

① 何塞·卡洛斯·马里亚特吉：《学说性新闻和报道性新闻》，载《劳动报》，第1年，第2期，利马，1928年11月24日，第2页。

② 何塞·卡洛斯·马里亚特吉：《学说性新闻和报道性新闻》，载《劳动报》，第1年，第2期，利马，1928年11月24日，第2页。

众。它的选题不局限于学说内容，而是涉及文学、艺术、科学、经济和社会消息。然而，这并不妨碍它成为战斗的报纸，因为它与一切反动势力和倾向做斗争。战斗的报纸代表着一种思想战场，这种斗争更为有效，因为它得到许多艺术家和知识分子的合作。这样的艺术家和知识分子尽管不完全同意它的学说派别，但在反对倒退思潮方面是一致的。

> 不过，如果说已经证明，不能在过于广泛的基础上办成学说性杂志，那么，报道性杂志却并非如此。《世界》的性质就是这样，它是以文学、艺术、科学、经济和社会消息的报纸面世的。它是战斗的报纸，有思想派别的报纸，因为它反对一切反动势力和倾向；但不是党的报纸，因为它代表着许多作家和艺术家的合作，这些作家和艺术家只在反对倒退思潮方面相一致，在较小程度和效能方面，在支持创建新秩序的奋斗方面相一致。[①]

报道性新闻不是党的新闻，而是一种面向广大公众的新闻。它的选题具有广泛的内容和号召力，足以成为思想战役中的一种重要工具，反对反动思想和势力，并在较小程度上，把创建新秩序的努力联合起来。

2. 资产阶级新闻

关于意大利的新闻，马里亚特吉认为有两种：资产阶级新闻和革命新闻。资产阶级的报道性报纸本质上发挥着反革命作用，因为它们是保守思想的主要宣传者。

> 大型报道性日报是反革命新闻的主要工具。它们的宗旨似乎仅仅是报道，但它们的报道不是也不可能是客观的。它们的报道尤其是反革命的，本质上是保守的。它必定是这样。一份大型报道性日报是一家工业企业。是一笔巨大的资本主义投资。因此，它们的利

---

① 何塞·卡洛斯·马里亚特吉：《学说性新闻和报道性新闻》，载《劳动报》，第1年，第2期，利马，1928年11月24日，第2页。

益就是保守阶级的利益。[1]

所以，资产阶级新闻的意识形态内容是一种虚伪的意识，这种意识企图巩固他们个人的阶级利益，好像他们的利益是整个社会的利益。它宣称自己是中性新闻，传播客观消息和普遍价值，而实际上是保守思想的有效宣传者。资产阶级新闻实行一种双重立论机制：一方面，把事先按照它的阶级利益处理过的报道说成是客观的，因此是不容置疑的报道；另一方面，把归根结底是保守的价值说成是整个社会的普遍价值。这种双重立论机制通过精心策划的贬损革命价值和行为的政策得以强化，即使不通过冷嘲热讽使革命价值和行为名声扫地，也围绕它们造成一种反面神话。因此，必须创办革命的报道性新闻，这样的新闻应该能够与资产阶级新闻竞争，并能够培养关于劳动者利益的意识，报道大型资产阶级日报隐瞒、无视或妖魔化的革命实践和行为。

马里亚特吉提请人们注意两种资产阶级新闻：报道性新闻，反映统治阶级的整体利益；论战性新闻，反映资产阶级各个派别和不同阶层的特殊利益。论战性报纸代表个人或一个特殊群体的见解，通常是理解统治阶级内部政治变化的重要的消息来源，因此政治上更加令人感兴趣。相反，报道性报纸对于较详细和深入地涉及政府和政策的变化则相对冷淡。[2]

3. 革命新闻

与人们可能预见的相反，马里亚特吉在 1928 年 11 月，即创建秘鲁社会党一个月之后指出，需要一份非党的报纸。这份报纸应该符合他所称的“报道性新闻”的要求，即像资产阶级新闻那样能够传达到广大公众，并开展公开的意识形态和政治斗争，即一场阐述革命思想、价值和

---

① 何塞·卡洛斯·马里亚特吉：《意大利的新闻》，罗马，1921 年 6 月，载《意大利来信》，见《马里亚特吉全集》，利马，阿毛塔出版社，1994 年。

② 何塞·卡洛斯·马里亚特吉：《意大利的新闻》，罗马，1921 年 6 月，载《意大利来信》，见《马里亚特吉全集》，利马，阿毛塔出版社，1994 年。

行为，以对抗资产阶级新闻传播的保守思想的思想战役。

法国《世界》杂志进行了一次民意调查，收集关于无产阶级文学最多样化的意见，引起了一场就此问题的辩论。马里亚特吉根据辩论指出了《世界》杂志非宗派、非党派立场的重要性，这种立场使它赢得了广大公众的兴趣。因此，《世界》发挥了双重作用，一方面，成功地赋予了“无产阶级文学”概念更加深刻的内容；另一方面，成功地传达到了广大公众阶层，因此，同时发挥了非常重要的教育功能。

> 《世界》开启的关于无产阶级文学的调查引起了广泛的国际争论，它从第一阶段达到的广泛性，归功于这份报纸的非宗派和非党派性质（……）《世界》不承认无产阶级文学是空洞言辞的看法。它有它自己独特的观点。但是，这没有妨碍它希望和引起详尽的争论，征求最多样的看法。只有这样，报纸才能引起广大公众阶层的兴趣。[①]

然而，面对资产阶级报纸系统进行的歪曲、省略和神话化，不仅要传播革命思想，而且要恢复革命思想的真正含义。这样，革命新闻就行使着把在保守派新闻手里被剥夺了真正意义的思想、概念、价值和理论化为己有的任务。这是意识形态和文化领域阶级斗争的又一个方面。这个方面有着独特和复杂的活动规律，而要想处理好这个方面，就需要只有报道性报纸才能以其广泛内容确保的广泛性。马里亚特吉要求革命新闻涉及知识和人类精神的一切方面：“我们要研究一切伟大的政治、哲学、艺术、文学和科学的革新运动。”[②] 这样提出革命新闻的意义以后，就可以清楚地看到，党的新闻有局限性，这些局限性使它无法在资产阶级新闻的同样条件下，进行针对资产阶级新闻的意识

① 何塞·卡洛斯·马里亚特吉：《学说性新闻和报道性新闻》，载《劳动》，第1年，第2期，利马，1928年11月24日。

② 何塞·卡洛斯·马里亚特吉：《介绍阿毛塔》，《阿毛塔》，第1期，利马，1926年9月。

形态斗争。

> 党的报纸不可避免地有局限，即特定受众和内容的局限。对于不了解党的政策的读者来说，它通常只有论战的兴趣。这种情况给这样一种产业新闻帮了忙，这种新闻自我标榜是报道性因此是中性新闻，而实际上是在最有效和最居心叵测地宣传保守的思想和行为，是在最不负责任地把革命的思想和行为说成神话。[①]

马里亚特吉认为，创办面向广泛受众、“维护公民职责和新秩序、无情地揭露反动派及其方法、通过有条不紊的工作集合最大多数先进作家和艺术家”[②] 的报道性报纸，不仅是必要的，而且是不可或缺的。这样的新闻能够开展揭露工作与政治和理论辩论工作，从而有助于凝聚和组成先进的知识界。这样的新闻也应该报道当代世界政治和文化生活的各个方面，报道国内和世界各地的革命斗争，就是说，应该是一种能够让人广泛和全面看到当代重大事件的新闻。马里亚特吉承认，这样的新闻包含着风险，因为如果经营准则凌驾于教育准则之上，它就会逐渐适应资产阶级那种产业新闻；或者如果被资产阶级新闻所称的“民主潮流”及其反革命恐惧心理和偏见所逐步吸引，它就会逐渐适应改良主义的歧途。“尽管有风险，但这是必须进行的一项工作，而不必太担心风险。”[③] 马里亚特吉坚持认为，辩论可以促使人们做出反应并确定这种反应的性质。

4. 总体观点

1902 年，就在革命积累的阶段，列宁制订了把《火星报》重组成杰

---

① 何塞·卡洛斯·马里亚特吉：《学说性新闻和报道性新闻》，载《劳动报》，第 2 期，利马，1928 年 11 月 24 日。

② 何塞·卡洛斯·马里亚特吉：《意大利的新闻》，罗马，1921 年 6 月，载《意大利来信》，见《马里亚特吉全集》，利马，阿毛塔出版社，1994 年。

③ 何塞·卡洛斯·马里亚特吉：《学说性新闻和报道性新闻》，载《劳动报》，第 2 期，利马，1928 年 11 月 24 日。

出党报的计划，其主要工作是组织和建设党。与这种新闻的工具观点不同，在政治积累和出现了一种明显趋向社会主义工团主义的背景下，马里亚特吉遵照大型文化报纸的意大利传统，提出办非党新闻。1902 年俄罗斯正处于革命前的阶段，而 20 世纪最初几十年，秘鲁正处于工业化最初阶段，在如此大不相同的背景下出现了两种新闻主张和观念。尽管要在这两种主张和观念中找到相似之处会冒风险，我们仍试图对把全面的新闻观确定为政治、意识形态和文化斗争的工具和空间的理论要素，做一番论述。

尽管列宁和马里亚特吉对于政治斗争需要的新闻类型有不同看法，列宁认为需要党的新闻，马里亚特吉认为需要报道性新闻，但我们仍能发现一个一致之处，而由于它的重要性，这个一致之处就成为我们分析的重要方面。我们指的是根据对构成总体的各个方面的分析，得出对事件的总体观点。

在列宁提出办一份“面向全俄罗斯的报纸”，或马里亚特吉提出“一切伟大的政治、哲学、艺术、文学和科学革新运动”都是《阿毛塔》的研究对象时，就提出了必须对当代的历史事件、社会斗争和文化运动具有总体观点。这样的观点可以使人从历史意义方面，而不是在孤立事件的狭窄视野内分析本地状况、特殊运动和具体斗争。同时，随着更为普遍的运动为人们所理解，具体的现实就为人们更深刻地所理解，就具有了更为复杂的活动规律。对具体事件的这种新理解可以使人恢复总体，总体通过对本地现实和具体事件的分析得到丰富以后，就达到了新的维度，具有了新的含义。这是本地情况与总体情况之间一种持久的运动，构成极其丰富的分析框架。

因此，如果把某个特定地方争取特殊权利的斗争看作某个具体历史时期更为广泛的阶级斗争过程的一部分，那么这些斗争就具有了总体意义。在列宁和马里亚特吉视野中看作政治斗争工具和空间的革命新闻，可以而且应该完成这项意识形态和教育工作。实际上，这是一种高度辩证的观点，它超越了新闻观点，而成为一种研究现实的理论—方法论工具。

5. 过程思想

在马里亚特吉的思想中，必须指出的另一个重要因素是过程思想，这是指社会现实不是静止的，而是逐渐变化的。这些过程是必须要走的道路，在过程之内形成对政治和理论进展不可或缺的界定和区分。只有这样才能说明1919年马里亚特吉拒绝建立秘鲁社会党的原因：因为在秘鲁社会斗争发展的那个阶段，这样的组织与群众运动不相适应，也不是群众运动的必然结果。首先必须努力发动和开展创建社会党的社会运动，否则，即使建立起来也是有名无实。根据这个逻辑，政治立场的公开辩论、论战和对立，对于最广泛意义的过程——政治、文化和社会过程——的成熟是必要的。

马里亚特吉的新闻观同样是以发动必要过程和界定阶段为前提，而不能人为地避开这样的过程和阶段。反之，这些界定会使人“分清良莠”，创建日益有机结合的知识和精神运动。《阿毛塔》杂志就是根据对这样的过程的明确认识创办和发展的。正像马里亚特吉本人在杂志第一期的介绍中所说：“《阿毛塔》经历了一个正常的酝酿过程。它不是根据我的决定突然诞生的……两年前（……）它会是有点个人色彩的声音。现在，它是一场运动、一代人的声音。”但同时，《阿毛塔》不是一项业已完成的计划，而是一个开始的过程，很清楚在成为它最初想要成为的样子之前，或者说根据这个过程发展的方式成为不同的样子之前，必将经历好几个界定阶段：“我们《阿毛塔》的写作者们想要取得的最初结果，是达成一致看法和更好地认识我们自己”，[①] 就是说，《阿毛塔》杂志想要固定一群写作者——一群能够在把他们团结在一起的事情中互相承认的智者，但同时，“《阿毛塔》将筛选先锋人物——富于战斗精神的人和同情者，直到分清良莠。它将引起和加快一种两极分化和集中化现象”。[②] 作为必要的现象，作为引起界定的因素（这样的界定将会推动围

---

① 何塞·卡洛斯·马里亚特吉：《介绍“阿毛塔”》，载《阿毛塔》，第1期，1926年9月。
② 何塞·卡洛斯·马里亚特吉：《介绍“阿毛塔”》，载《阿毛塔》，第1期，1926年9月。

绕《阿毛塔》的知识运动的进展）的过程思想，其全部意义在这里显而易见。

两年后，1928 年 9 月，马里亚特吉提出，《阿毛塔》已经经历了界定过程："《阿毛塔》在这几年中是一份意识形态界定的杂志。它在自己的版面中收集了所有想真诚和称职地代表这一代人和这场运动说话的人的建议……我们觉得，意识形态界定的工作已经完成。"[①] 因此《阿毛塔》的第一阶段已经结束。必须开始第二阶段："在第二阶段，它已经不需要称自己是新一代人、先锋队和左派的杂志。为了忠于革命，它只是一份社会主义杂志就足矣。"[②]

《阿毛塔》这个名称在它的第一阶段明确表明了一种情感和一种精神状态；在第二阶段，所谓"新一代人"或"先锋队"的杂志已经没有太大意义，因为它已经与汇聚在《阿毛塔》的这场知识和文化运动所处的新阶段不相适应。在经历了一个辩论过程（这个过程使一群人和一场运动建立起共同的理论和方法论基础）以后，必须向另一个界定阶段前进，马里亚特吉把这个阶段称为"社会主义"阶段。

---

① 何塞·卡洛斯·马里亚特吉：《周年和总结》，载《阿毛塔》，第 17 期，1928 年 9 月。

② 何塞·卡洛斯·马里亚特吉：《周年和总结》，载《阿毛塔》，第 17 期，1928 年 9 月。

第四章　本地知识、实践和出版计划

4.1　计划的理由：生产本地知识

拉美殖民地时期最令人震惊的遗产之一——思想上的殖民主义，使得该地区新生共和国的统治阶级放弃生产本地知识的可能性。根据这种看法，理论和本地知识的生产没有用处，也没有必要，因为已经有了普遍的知识和统一的思想，可以从欧洲输入。根据这个逻辑，把大学构想成是传播与本国现实无关的理论的中心，是如火如荼的社会活动中的象牙之塔。读一读秘鲁保守思想一位最明了的阐述者的话，就可以看到这种态度的一个活生生的证明。维克托·安德烈斯·贝朗德在 1930 年写道：

> 希望青年人年轻，就是冷漠、欢快、充满生气、远离现实中的忙碌和杂事。希望青年人为自己和为大学而生活；如果这样生活，就会更好地服务国家，因为国家的进步源自实验室和教室默默无闻和有益的工作，不是源自街头和广场上假理想主义的骚动。[①]

① 维克托·安德烈斯·贝朗德：《国家现实》，V 出版社，利马，无日期。

这段话就说明了为什么没有知识生产的任何基础设施——藏书丰富的图书馆、愿意印制本国知识分子和科学家书籍的出版社，说明了为什么没有促进研究等活动的政策。

马里亚特吉设想，将新闻的教育工作与一项更广泛的文化计划联系在一起，这项文化计划应该为思考、辩论、论战和理论生产提供空间和工具。我们理解，马里亚特吉所说的理论生产，就是本地知识的生产。就是说，能够掌握一个理论框架，即一整套有内在联系的思想和知识，来分析某个具体历史时期特殊的社会现实。这个过程在产生新理论和新知识的同时，能够使人对本地现实的一般状况和特殊状况有更深刻的理解。反过来，这样的本地新知识可以纳入更普遍的理论框架，并使其更加丰富和深刻。因此在马里亚特吉看来，不能把知识的生产仅仅理解成理论思索，而是深深植根于文化、政治和社会这些最广泛意义上的实践。知识是由对社会现实中真实材料的抽象工作产生的（这种抽象工作取决于对马克思主义理论框架的掌握），并回归到社会现实，以便改造现实。这第二阶段，即理论回到现实这条途径就是马克思所称的抽象的具体（concreto abstracto），它已经不是用来当作出发点的那个社会现实，而构成了另一个阶段，一种新的由于在回归途中被知识改造过而不同的现实。

路易斯·塔皮亚在其所著《本地知识的生产：雷内·萨瓦莱塔著作中的历史和政治》中认为，本地知识的生产总是必然有着理论生产的成分。据作者说，这个过程是由他所称的掌握一般理论产生的，所谓掌握一般理论，就萨瓦莱塔来说，他将其叫作马克思主义的民族化。这就是通过内部化的途径掌握马克思主义这个理论框架。随着这个体系成为内化的世界观，它也成为对日常生活中的一系列关系和经历，以及对人们生活和研究的社会进行思考的一种方式。马克思主义内部产生一整套新的范畴，可能是在某些社会从精神上掌握这个传统和框架的过程时实现的，这个思想已经深入本地的进程和问题之中，因此，本地的进程和问题可能更容易为人们所理解。塔皮亚认为，马克思主义理论最有意义的发展，是通过马克思主义出色的民族化，例如列宁、葛兰西和马里亚特吉进行的民族化实现的。[①] 这个极其丰富和复杂的课题值得做更加详细的研究，但本书篇幅有限，无法阐述，希望在将来的著作中再谈。尽管如此，在介绍和理解马里亚特吉的思想和著作时，它已经成为分析的核心。在这第二部，主要是分析新闻观和新闻工作。

现在言归正传，这种本地知识的生产也需要一个能使其具体实现的物质基础。马里亚特吉从欧洲回国后在秘鲁制订的出版计划，就表明了创造这个物质基础的明显意图。应该强调指出，这个物质基础不仅是大学和学术界这样的基础设施；甚至可以说，由于它是作为一项集体计划提出的（除了进步和先锋派知识分子以外，计划还包括社会参与者，即工人、农民和大学生），因此是跨学界的。

马里亚特吉认为，出版物和图书与一国人民的文化程度是联系在一起的，因此，它们需要著作者、出版者和图书商共同努力，而且主要需要国家的刺激政策。由于没有与这些目的相适应的出版物，马里亚特吉提出，出版问题是秘鲁最严重的文化障碍之一："图书、文学和科学杂志不仅是整个文化的标志，而且也是文化的媒介。要想图书得以印制、传播和受到重视，仅有著作者是不够的。一个国家的文学和艺术生产，在一定程度上取决于良好的出版组织工作。"[②]

4.2 计划的状况

马里亚特吉认为，秘鲁的出版生产处于初步和起始阶段。必须而且迫切地需要从整体上解决这个问题，以便能够有满足不同教育和知识水平需要的读物：

---

① 路易斯·塔皮亚：《本地知识的生产：雷内·萨瓦莱塔著作中的历史和政治》，玻利维亚，魔鬼的牙齿出版社，2002 年。

② 何塞·卡洛斯·马里亚特吉：《出版问题》，见《马里亚特吉全集》，利马，阿毛塔出版社，1994 年。

> 我们必须从整体上解决我们的出版问题：从学校的课本到高文化性的图书。图书出版得不到一点鼓励。无论在学校里还是在学校以外（……）公众很少读书，有培养他们这种习惯的余地。在秘鲁，公共、大学和学校图书馆少之又少。①

1. 图书出版

由于愿意对本国著作者投资的专业出版媒介和出版社根本没有或数量不足，出版图书成了一件极其困难的事情。这种状况使想要出书的人望而却步，因为它把图书的印刷甚至零售事宜都让著作者自己打理，而且这些人以业余身份承担这些事情会有经济风险。马里亚特吉认为，为了提高产品质量，让作品达到更多印数和得以更广泛传播，出版工作专业化极端重要。

> ……对于著作者来说，没有什么比为自己的著作找到出版者更困难的了。著作者明知肯定赔钱，通常还是决定自己出资印自己的著作（……）所以，出书的种类很少，印数很低，传播情形可怜。著作者承担不起出版社的管理费。②

2. 图书流通

为了使出版工作达到效果，仅仅印刷图书是不够的，还必须有图书的适当销售。建立有效的销售系统是专业从事出版的企业的事情，销售系统不应该局限于本国范围，还应该促进在整个大陆流通。马里亚特吉认为，美洲图书在本大陆的流通，是终结本地区国家殖民地依附状态的一种方式。同时，这种大陆传播可以引起辩论和论战，而这是知识生产极其重要的两个方面。

---

① 何塞·卡洛斯·马里亚特吉：《出版问题》，见《马里亚特吉全集》，利马，阿毛塔出版社，1994 年。

② 何塞·卡洛斯·马里亚特吉：《出版问题》，见《马里亚特吉全集》，利马，阿毛塔出版社，1994 年。

从这个意义上说，本地知识的生产就具有了真实可靠性，因为它处于不仅是一个国家的著作者之间，而且是本地区多个国家之间文化一体化和理论辩论过程之中。地区的图书流通是这个过程一个具体的方面。

> 美洲图书在大陆的流通很有限，处于初始状态（……）在图书供应方面，南美国家仍然是西班牙的殖民地。①

马里亚特吉提请注意高昂的邮寄费，这是图书销售最严重的阻力之一。他指出，必须由国家制定图书的邮资免付政策。② 这样，就把出版生产和促进阅读置于了首要地位。

> ……对一家出版社而言，这笔费用（即邮资）（……）可能比印制一本书本身成本的费用还要多。图书的销售像图书的生产一样昂贵（……）无疑，这是国家毫不费力就可以取消的障碍。对图书应该像杂志和报纸那样一视同仁，在共和国里，杂志和报纸就享受着邮资免付。邮政机构可能会少挣几个小钱，可民族文化却会受益匪浅。③

图书出口也应该实行这项降低邮资的政策，这样，秘鲁就能在地区知识生产方面发挥日益重要的作用。

> ……因为也有兴趣让本国图书输出国外，以便让国家在美洲智力开发方面的存在日益明显，邮资同样应该有利于图书的出口。④

---

① 何塞·卡洛斯·马里亚特吉：《出版问题》，见《马里亚特吉全集》，利马，阿毛塔出版社，1994 年。

② 应该记得，那个时期，邮政和电报服务由国家掌握。

③ 何塞·卡洛斯·马里亚特吉：《出版问题》，见《马里亚特吉全集》，利马，阿毛塔出版社，1994 年。

④ 何塞·卡洛斯·马里亚特吉：《出版问题》，见《马里亚特吉全集》，利马，阿毛塔出版社，1994 年。

3. 图书馆和图书短缺问题

公共图书馆短缺是拉美一个由来已久的严重问题。殖民地时代，图书馆和专业藏书的存在在秘鲁基本上限于私人范围，掌握在教授、行政长官和文人手中。机构的图书馆多数为教会所有，特别是耶稣会会士的图书室，[①] 它们的图书主要来自西班牙。

拉美地区最早的公共图书馆是由私人单位创办的，后来由政府接管。1793 年，国家之友经济社团（Sociedad Económica de Amigos del País）创建了古巴第一所公共图书馆；1881 年在巴西，佩德罗·戈麦斯·卡斯特罗·布兰科提议在巴伊亚创建一所公共图书馆；1922 年在秘鲁，纺织工业的无政府主义工人运动提出在工厂里建立公共图书馆。[②] 与此同时，大学图书馆的藏书微不足道，不能适当运行，在 20 世纪 20 年代末大学改革运动后，这种状况也没有实质性变化。在这种情况下，图书不仅难以得到，而且数量稀少，内容过时。用思想评论角度写的书籍通常无人知晓，或者被禁。

马里亚特吉指出，必须迫切地解决有适当藏书的图书馆不足，以及可供研究者、政治干部、工人和大学生阅读的新图书缺乏的问题。他还指出，必须让书商受到国家的鼓励，使他们的工作不再是为了生存而劳碌奔波。[③] 这是一个要把获取信息和文献社会化，同时又便利知识分子工作的建议，因为这些人不得不耗费相当多的时间来收集需要的图书，从而削弱了他们知识生产的工作。

> 我们必须解决我们最基本的图书馆和图书问题。做研究的人在这个国家缺少信息资料。秘鲁没有一所藏书丰富的图书馆（……）研究者大概需要有很多钱才能自己拥有自己的图书。此外，可能要从脑力思考那里抢出一些时间和精力投入这件事情。[④]

---

① 吉列尔莫·洛曼·比列纳：《总督辖区时代的图书、书商和图书馆》，载《凤凰：国立图书馆杂志》，第 21 期，利马，2000 年 6 月。

② 埃米尔·何塞·苏埃登：《公共图书馆与人的发展》，http://www.ifla.org/IV/ifla63/63suae.htm。

③ 何塞·卡洛斯·马里亚特吉：《图书战役》，见《马里亚特吉全集》，利马，阿毛塔出版社，1994 年。

④ 何塞·卡洛斯·马里亚特吉：《出版问题》，见《马里亚特吉全集》，利马，阿毛塔出版社，1994 年。

这样，马里亚特吉就把涉及秘鲁和美洲大陆其余地区脑力劳动物质条件的具体问题，置于了辩论的中心。这表明了对必须创造本地知识的高度关注，以便使本地知识在理解本地现实时得到肯定，并从每个国家拥有的文化和文明要素中吸取营养。

4.3 出版计划

马里亚特吉的出版计划是他新闻观的具体化。这个计划的前身，是他1919年末旅欧之前，在作为报人的青年时期的两次极其丰富的经历。如本书第一部指出，第一次经历是创办《我们的时代》杂志，那时马里亚特吉是《新闻报》的政治专栏作家，杂志就是在该报的印厂里印的。第二次经历由于他参加工会和学生斗争或许更加丰富，那就是《理性报》。在那两次经历中已经表明了一种考虑，即要创造一个独立的、对占主导地位的那种新闻持批评态度的空间，并寻求组织一场对当代社会重大课题的辩论。遗憾的是，由于缺乏能保障继续下去的物质条件，两次经历均以失败告终。马里亚特吉认为，这是一次明显的教训，促使他提出必须为出版《阿毛塔》杂志和围绕它制订的出版计划创建一套基础设施。

最初的步骤之一是先后创办米内尔瓦印刷厂和阿毛塔出版社，印刷厂和出版社组成何塞·卡洛斯·马里亚特吉和弟弟胡利奥·塞萨尔两人的一家公司。弟弟在瓦拉尔市拥有一个小型印刷车间，印刷厂就在车间的基础上建立，为了开展新建公司的活动，把它迁到了利马。何塞·卡洛斯任经理，弟弟胡利奥·塞萨尔任业务主管。为了更新印刷机器和开始运作，马里亚特吉兄弟二人向何塞·卡洛斯的亲近朋友借债，承诺用经营的利润全部偿还。1925 年 10 月 25 日米内尔瓦印刷厂开业时，举行了一次简单的公开仪式，利马地方工人联合会的工人、圣马科斯大学和冈萨雷斯·普拉达人民大学的教授，以及当地知识界的知名人士纷纷到场。[①] 阿毛塔出版社开始先出版了一本名为《图书和杂志》的副刊，专门刊发对秘鲁出版的主要图书的评论。两期之后，这份出版物成为《阿毛塔》杂志的一部分。

马里亚特吉的出版计划是出版面向广大公众，在版面上讨论最广泛和最多样问题——从学说性理论分析到文学理论、艺术和文学——的“学说、文学、艺术和论战性月刊”——《阿毛塔》。[②] 在第一期的“编者按”中，马里亚特吉模仿马克思的话说，杂志要研究“一切伟大的政治、哲学、艺术、文学和科学革新运动”，“人类的一切都是我们的”。《阿毛塔》版面刊载关于秘鲁和世界工人状况的文章和分析，在它的基础上，创办了《劳动报》半月刊，主要面向工人读者，内容涉及劳工界和工会问题。《劳动报》在倒数第二期开辟了一个名为“艾柳”的专栏，其目的是研究土地问题和土著人问题。马里亚特吉的计划是把这一个栏目变成一份面向农民阶层的小型报纸。

除了这三份定期出版物（其中两份得以出版），马里亚特吉还想出版一套价格低廉、印数足以能够广泛销售的藏书。这套藏书包括三种：“阿毛塔藏书”，出版研究美洲文明和民族主义文学作品的著作；“先锋藏书”，出版秘鲁和外国作家的文学作品；“现代藏书”，出版当代精神的代表性著作。[③] 这三条出版思路的目的是让广大读者，特别是工人、大学生和进步知识分子得到世界图书中最重要和最当下的作品。同时，还想出版和传播秘鲁和拉美研究者和学者的著作。

作为这项雄心勃勃计划的一部分，米内尔瓦印刷厂和后来创办的阿毛塔出版公司出版了多种著作，这些著作成为秘鲁文学和社会科学的经典之作，例如路易斯·巴尔卡塞尔的《安第斯山的风暴》，马里亚特吉本人的《关于秘鲁国情的七篇论文》第一版，以及里卡多·马丁内斯·德拉托雷的《1919年的工人运动》等。

---

① 吉列尔莫·路易利翁：《何塞·卡洛斯·马里亚特吉的英雄的创造》第二卷·革命时期（1920～1930），利马，阿里卡出版社，1975年，第272页。

② 引自总是印在刊名后面的对杂志的自我定位。

③ 吉列尔莫·路易利翁：《何塞·卡洛斯·马里亚特吉的英雄的创造》第二卷·革命时期（1920～1930），利马，阿里卡出版社，1975年，第271页。

出版的这些书都在米内尔瓦印刷厂书店出售。这家书店很快成为能够找到大量拉美和世界图书的地方之一。为了保持供应，马里亚特吉坚持不懈地进行与拉美其他出版社交换图书的工作，利用朋友旅行之机把全世界的图书带出带进，并提出最有创意的交易，以便使米内尔瓦书店能够提供世界知识产品中最当下的东西。在一期《劳动报》半月刊里，可以读到这样一条广告：

> 米内尔瓦书店刚刚收到巴勃罗·聂鲁达、加夫列拉·米斯特拉尔、埃德华多·巴里奥斯、比森特·维多夫罗、华金·埃德华兹·贝略、马塞略·奥克莱尔、恩里克·莫利纳、拉斐尔·马尔文达的书和其他一些智利优秀作品。

这条简讯登在《劳动报》这份工人半月刊上，宣传智利一代文学人最有代表性的作品，这不是偶然的。这件事与马里亚特吉的准则完全是一脉相承的，他认为，工人新闻就应该促进劳动者广泛的人文修养。下面这幅组织系统图更加清楚地说明了马里亚特吉的出版计划：

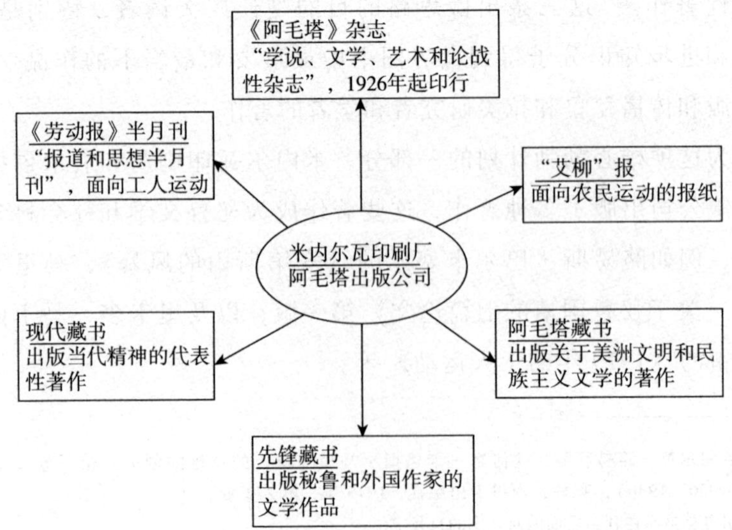

4.4　经济困难

出版社在非常简陋的条件下诞生，在整个存在期间，一直在勉强生存与经济和财政窘迫中挣扎："我们生存在非常贫穷的状况下，连购买油印机的钱也没有。"[①] 它的融资来源是出版物的销售和订阅，价格相当低，几乎不够支付基本生产费用；由于定期出版物的左派倾向，其中用于广告的版面出售有一定限度，而且《阿毛塔》杂志的朋友和同情者的捐助和出资也有限。为此，大家尝试着用一系列方式来征集捐助，包括在秘鲁各省建立《阿毛塔》之友协会，用自己或别人捐赠的无数物品抽奖，组织一定期限的支持《阿毛塔》行动，以及出售杂志的豪华版藏书等。

> 在别的国家代表阿毛塔及其出版物在秘鲁所代表的利益的所有报纸，都曾经不得不经常求助知名友人和无名同情者捐助私有财产，他们有时更加热心和支持。[②]

他们组织了募集资金活动，还用为了募集资金而征集到的、交到马里亚特吉手里的雕刻、绘画、图书、记事本等所有物品，举办过抽奖活动。公司的账目是公开的，定期登载在《阿毛塔》版面上。为了保持出版计划和它的出版物生存下去的所有这些经常性和系统性努力，起到了极大的动员作用，把《阿毛塔》和《劳动报》的撰稿人、读者、赞助者甚至工会和工人行会连成一体，使出版计划成为一项集体的计划。

---

① 何塞·卡洛斯·马里亚特吉致埃斯特万·巴甫列蒂奇的信，1929 年 11 月 7 日，见《马里亚特吉全集》，利马，阿毛塔出版社，1994 年。

② 《支持"阿毛塔"十五天：求助我们的友人和同情者》，载《劳动报》，第 7 期，1929 年 2 月 21 日。

> 《阿毛塔》应该为自己的贫穷难为情吗？不：这种难为情是反无产阶级的，反革命的。我们公司的财务是公开的，因此它的贫穷也是公开的。[①]

出版社的另一个融资战略是印制学校教材，这很快成为一个重要的资金来源。一年的前三个月，即全国学校开学前时期，用公司的印刷设施印制这类教材。[②] 马里亚特吉·恰佩一家至今仍坚持办着印刷厂和米内尔瓦书店，主要经营这类教材和再版何塞·卡洛斯·马里亚特吉的著作。

为了保障出版做了另一个尝试，阿毛塔出版社在读者中出售相当于本金百分之百的股份。然而这些股份都没有付钱，这倒不是因为认购者不愿意付，而是因为他们本人的身份是大学生和知识分子，没有钱。

> 为了实施我们的出版和经济计划，我们曾指望我们公司微薄的本金得到全面认购：75 万秘鲁镑分成 150 股，每股 5 秘鲁镑（原文如此——译注）。几乎所有股份都认购出去了。可我们公司是在专业人员、作家和大学生中招募的股东。很多人至今未能支付股份钱。[③]

对于马里亚特吉来说，阿毛塔出版社的融资是一项艰难和极其费力的工作。通过《阿毛塔》杂志的页面，我们可以看到无数次订阅号召，对读者和同情者合作的请求，以及募集资金活动。然而，如果不依靠出售，出版社的杂志和其他出版物就不能生存下去，而销售额也几乎不够

---

① 《支持〈阿毛塔〉十五天：求助我们的友人和同情者》，载《劳动》，第 7 期，1929 年 2 月 21 日。

② 参见 1929 年 3 月 6 日何塞·卡洛斯·马里亚特吉致萨穆埃尔·格鲁斯贝格的信，见《马里亚特吉全集》，利马，阿毛塔出版社，1994 年。

③ 《支持〈阿毛塔〉十五天：求助我们的友人和同情者》，载《劳动》，第 7 期，1929 年 2 月 21 日。

支付生产费用。下面照录一份号召书：

“支持《阿毛塔》十五天”

1929 年 2 月 1 日至 15 日

为维持和传播《阿毛塔》月刊和它的出版物而日复一日地奋斗的阿毛塔出版公司决定，举行“支持《阿毛塔》十五天”活动，目的是募集志愿献金，以便清偿因出版图书和杂志欠下的债务。

《阿毛塔》不是以营利为目的的商业机构，而是一群自由人的无私努力。为此目的，它请求它所有的朋友和读者给予少量捐赠。

杂志将在赞助它的人中分发一些从意大利直接进口的艺术裁纸刀和书签，以此方式酬答“支持《阿毛塔》十五天”期间给予的经济合作。

在这次寻求资金活动中，我们请求我们的代理人、订阅者和销售者不吝清偿其全部债务。

《阿毛塔》不能也不应该死亡。它所捍卫的事业的每一名战士都应该加入我们的行列，以他自愿分担的份额为《阿毛塔》的生存和发展做出有效贡献。

请深思。《阿毛塔》期待您的帮助。

阿毛塔出版公司

尽管日常生存困难重重，但马里亚特吉仍保持着极大的乐观情绪和献身精神，把自己火热的智力和政治活动与出版社的管理工作和《阿毛塔》杂志及《劳动报》的出版工作结合在一起。他的出版和新闻计划日益雄心勃勃，随着计划的制订，具有了更加深刻和重要的文化意义，要把“我们的出版物传播到所有讲这种语言的人民，同时把最好的图书引进我们的办公室”。

……有些股东怀疑我们公司的稳定性；可是，这个稳定性经济

> 上完全取决于他们的资助和某些代理人。支付资本并清偿了我们代理人的债务以后，我们就能完全实现我们的出版计划，每月出版一部书，把我们的出版物传播到所有讲这种语言的人民，反过来把那里最好的图书引进我们的办公室。①

由于缺少资金，出版工作事无巨细，从挑选和修改文章及按语，到确定排版和印刷细节，马里亚特吉都不得不亲力亲为。不过，这类事在他做记者的青年时期，已经经过了很好的训练。

4.5 《劳动报》

《劳动报》是《阿毛塔》杂志的延伸。报纸为半月刊，主要面向工人和工会读者，通过版面进行报道、政治宣传、工会组织和学说辩论工作。

《劳动报》的开本为八页，马里亚特吉想改成十二页，用四页专门登载艺术插图和开辟新栏目。② 报纸于 1928 年 11 月面世，由于财政困难，只能坚持不定期出版，1929 年 9 月出到第十期时，被莱吉亚政府查封。

报纸第一期的介绍按语中指出，《劳动报》是《阿毛塔》杂志的延伸，它不是社长和一小群先知者的意志，而是应很多渴望更广泛传播《阿毛塔》的文化事业者的要求诞生的。只有一份印数很大的报纸才能达到这个目的。因此，《劳动报》承认自己是《阿毛塔》开创的一场意识形态和文化运动的组成部分，同时是对工人和工会运动需要的回应，

① 何塞·卡洛斯·马里亚特吉致尼卡诺尔·德拉富恩特的信，1928 年 11 月 12 日，见《马里亚特吉全集》，利马，阿毛塔出版社，1994 年。

② 何塞·卡洛斯·马里亚特吉致尼卡诺尔·德拉富恩特的信，1928 年 11 月 12 日，见《马里亚特吉全集》，利马，阿毛塔出版社，1994 年。

因为这样的运动需要报道、培训和组织工具。

> 此外，《劳动报》不需要特别的计划。它是《阿毛塔》的事业及其出版物的延伸。它渴望成为一份传播广泛的报纸。它是应我们在利马和外省很多朋友的要求出版的，他们想让我们的文化事业深入更广泛的读者阶层。光有杂志不能满足这个渴望。所以我们出版了一份报纸。①

《劳动报》自我定位为阶级的机关报，因为它代表的不是一个阶层或级别，而是所有体力和脑力劳动者，即工业和运输工人，农业、矿业和铁路工人，教师和职员等人的利益和愿望。② 但是，它的阶级属性并没有把它变成学说性报刊，而是要争取更广泛的读者，“尽可能广泛”的读者，其内容通常超越了学说性报刊的局限：“全面说明当代问题和运动”。它的功能是一份报道性报纸的功能，但超越了单纯的“事件报道”，开展“思想报道”。

> 在我们之间，《阿毛塔》越来越倾向于学说性杂志那种类型。《劳动报》一方面是《阿毛塔》工作的延伸，另一方面倾向于报道性报纸的类型。它的功能不一样了。特别是就我们而言，因为报道不能理解成狭义的事件报道，而特别应理解为思想报道，《劳动报》（……）是面向所有体力和脑力劳动者的，所以它对希望拥有的最可能广泛的读者负有全面说明当代问题和运动的义务，而这是学说性杂志不擅长的事情。③

这是理解马里亚特吉新闻观的一个关键方面，它与前面章节我们称

① 发表在第一期上的关于《劳动报》的按语，利马，1928 年 11 月 10 日。

② 《劳动报在继续》，《劳动报》，第 9 期，1929 年 8 月 18 日。

③ 何塞·卡洛斯·马里亚特吉：《学说性新闻与报道性新闻》，载《劳动报》，第 2 期，利马，1928 年 11 月 24 日。

为总体思想的内容密切相关。就是说，这份报纸是一份面向一场特指的社会运动即秘鲁工人运动的报纸，它要成为政治宣传、揭露工人的劳动条件、工会动员和组织的工具，并为自己提出要全面涉及当代问题和运动的要求。就是这种总体观点，使他认识到秘鲁工会运动当地状况特殊性的真正意义。或者说使他认识到，秘鲁工人运动、它的状况、它的斗争等是当代伟大运动的一部分。同时，就是通过对这场工人运动及其本地表现的特殊状况，以及特殊文化特性的深入研究来重建总体性，即从特殊性达到总体性，才具有更为综合和更为丰富的新维度。

《劳动报》的结构不是僵化的，栏目的周期不断变化，主要栏目有：工会的组织和结构问题，介绍世界工会运动的概貌，它的组织形式，新的组织类型，欧洲、苏联和拉美等地工会的变化过程等；工会生活是提供国内各个工会和行会的新闻、情况和形势分析的一个栏目，同时登载这些工会的号召、宣言、章程和其他政治和组织动向；人民之声揭露国家内地人民经受的落后和压迫状况，例如在这个栏目的一篇文章里可以读道："我们讲话是代表人民，为了人民，为了维护他们的利益，不是出于对庄园主强烈的无根据的憎恶之情，而是怀着绝对正义的情感。"① 应该指出，这个栏目优先关注小商人的状况和问题。

《劳动报》还有一个栏目刊载从不同角度对国际形势的分析，主要专题有：作为经济现象的帝国主义，英国合作主义运动历史，南美洲的战争威胁，《白里安—凯洛格公约》，土地问题与墨西哥革命，世界土地危机，中国的革命斗争，等等。此外，还报道拉美和世界其余地区工会和行会的会议，如蒙得维的亚南美洲工会会议。

关于理论问题和论述秘鲁现实的文章占有重要地位。这类文章主要有：普列汉诺夫的《空想社会主义还是科学社会主义?》，马里亚特吉的《关于土著人问题》，曼努埃尔·冈萨雷斯·普拉达的《知识分子与工人》等。此外，《劳动报》每一期都刊载至少一篇文学批评和分析文章、短篇小说、艺术批

---

① 《维护苏佩和帕蒂维尔卡山谷居民的利益》，载《劳动报》，第6期，1929年2月2日，第8页。

评，以及油画、绘画、素描、雕刻和摄影作品的插图或复制品。还有一个图书评介栏目，一个读者指南，“读者指南”这个栏目刊载世界最主要杂志的邮政地址和对它们的简要描述。还有几篇体育文章，从理论上谈论多种体育项目及其在社会生活中的重要性。这样，马里亚特吉就恢复了意大利新闻，特别是逗留意大利期间引起他极大兴趣的《新秩序》的文化传统。

《劳动报》也关注那个时期社会运动的最先进潮流，发表对秘鲁劳动妇女状况的分析文章，要求与男性无产者工资平等，以及必须给予妇女—母亲特殊的劳动条件。

《劳动报》最后两期出了一个栏目叫“艾柳”，我们将在下文中深入地介绍。

所以，《劳动报》这份半月刊成了建立和统一秘鲁工会运动的一个极端重要的工具，开展了教育、报道和政治动员工作，同时也没有放弃对劳动者的人文培养。这个过程的高潮是秘鲁总工会的成立，《阿毛塔》第十期上登载了总工会致“全国劳动阶级”的宣言。宣言包括三个部分，第一部分是对秘鲁工会运动的总结；第二部分是对无产阶级各阶层状况的分析；最后是一份包括六点的当前的权利要求。主要要求是：城市、农村和矿区劳动者每天实行八小时工作制；女工和未满十八岁劳动者每周实行四十小时工作制；工人享有组织起来的权利与印刷、新闻、集会和演讲自由等广泛权利。这份宣言发表两天后，马里亚特吉宣布：

> 为了宣传和支持我们日益接近群众感情和要求的半月刊报纸，必须不倦地工作。每次与农民工人交谈，都应该让他们记住命令的声音：宣传《劳动报》，帮助《劳动报》。①

荒谬的是，要求新闻自由的这份文件登出来没几天，《劳动报》就被莱吉亚政府查封。马里亚特吉接到通知，1929 年 9 月严格禁止报纸出

---

① 何塞·卡洛斯·马里亚特吉致莫伊塞斯·阿罗约·波萨达的信，1929 年 9 月 9 日，见《马里亚特吉全集》，利马，阿毛塔出版社，1994 年。

版。通知来自共和国通知总检查局（Inspección General de Notificaciones de la República），《劳动报》向内政部提出抗议，但未获成功。《劳动报》最终停刊。

工人组织撰写了拥护和支持重新开办《劳动报》的申诉书，但结果只是莱吉亚政府采取更加严厉的措施，并向其他媒介下达决定，不得发表何塞·卡洛斯·马里亚特吉的任何东西。

> 《劳动报》已经逐渐不再是阿毛塔出版公司的报纸，而成了无产阶级和农民村社的机关报。所以，工人工会和土著村社保护着我们的要求。他们中很多人已经致信内政部，要求重新考虑针对《劳动报》发出的命令。①

《阿毛塔》杂志内也举行一次论坛支持重新开办这份无产阶级报纸，号召加强劳动者的动员行动，以维护新闻自由。

> ……工会无产阶级在新阶段中一个命令的声音是，根据秘鲁总工会的最新宣言，维护工人的新闻、结社和集会自由。别的团体或派别可以放弃这些权利。有阶级觉悟的无产阶级则不能。②

支持《劳动报》的所有游行抗议统统无济于事。这份报纸已经成为劳动者手中一份过于强大有力的工具，对付政府、工业资产阶级和地主的一件极其危险的武器。

4.6 “艾柳”计划

从一开始，半月刊报纸《劳动报》就系统地发表论述土著人问题和秘鲁

① 《被剥夺了公民权的劳动报》，载《阿毛塔》，第26期，1929年9月。

② 《被剥夺了公民权的劳动报》，载《阿毛塔》，第26期，1929年9月。

土地状况的文章。在1928年11月10日第一期上，刊载了何塞·卡洛斯·马里亚特吉的题目为《关于土著人问题》的文章。这篇文章是《关于秘鲁国情的七篇论文》中关于印第安人问题那一章的补充，最初是为驻纽约的塔斯社写的。在《劳动报》第五期上，发表了阿图罗·奥萨瓦尔·金塔纳的《世界的土地危机》。后来刊载了另一篇论述土地问题的文章，由阿韦拉多·索利斯撰写，题目叫《秘鲁的土地问题》。对于工会工人的一份报纸把土地和土著人问题引进主要读者的这种关切，表明了一种把社会斗争联合成整体的观点。1929年9月《劳动报》第十期刊载了秘鲁总工会成立宣言，宣言结束时的口号“城乡劳动者组织万岁!”就反映了这种观点。

从《劳动报》第九期起，土著人和土地问题形成自己的一个栏目，题目叫“艾柳”。马里亚特吉的计划是把《劳动报》的这个栏目变成面向土著农民的一份独立的报纸。

> 我怀着好感和拥护心情接受您的倡议，在《劳动报》上创办一个献给土著村社社员的页面。我们的想法是组办一份专门面向土著农民的小型报纸。它的名称就叫“艾柳”。[①]

“艾柳”占据一页版面，用下面一段话作为栏目的副标题：“维护农业劳动者和他们的权利要求——土地问题状况——对酋长制的起诉”。在它的版面中，刊载关于拉美其他国家农业劳动者工会会议的报道，关于秘鲁各地区农民斗争和权利要求的消息，关于土著文化表现形式的研究文章和揭露剥夺农民土地及其他欺压农民行为的文章。

“艾柳”第一次面世时发表了一篇原则声明似的文字，指出这个栏目要对所有平均地权运动和鼓动做一个历史总结，“评论它们的动机和结果”。同时提出要超越“单纯的理论和历史思索”，引用大量数据，用事实说明问题，使自己“富有生命和贴近现实”。就是说，要对农民运

① 何塞·卡洛斯·马里亚特吉致莫伊塞斯·阿罗约·波萨达的信，1929年6月6日，见《马里亚特吉全集》，利马，阿毛塔出版社，1994年，第1997页。

动做历史和理论分析，但也要论及它的权利要求和政治实践，同时兼及文化状况，诸如土著农民的特性和精神状态。《劳动报》要在“艾柳”栏目里研究“土地问题的一切话题和表现形式”。这里再次看到了马里亚特吉理论与实践相结合意义的表现，这种意义不仅是分析问题的方法，而且是政治行动的参考。

> 《劳动报》要在这个栏目研究我们土地问题的一切话题和表现形式。我们要在这里书写我们所有平均地权运动和鼓动的历史，并评论它们的动机和结果。但它将不是一个单纯理论和历史思索的栏目。完全相反：我们决心把它办得富有生命、贴近现实、具体、用事实说明问题、引用大量数据。栏目的标题只是对我们最本地的平均地权运动表示敬意。因为我们在栏目里充分反映土著村社的生活，以及庄园雇工、“亚纳科纳”农、租地农民，总之，贫穷的和受剥削的农民的状况和权利要求。

如下面这段话指出，“艾柳”还要成为一份面向农民阶层的政治鼓动和宣传的传单：

> 我们将接受村社、短工、“亚纳科纳”农等人对酋长制欺压行为和横征暴敛的确有证据的控告。《劳动报》要让这个栏目在很大程度上直接表达我们农民的渴望。①

遗憾的是，《劳动报》半月刊突然被查禁，这项计划因此中途夭折。“艾柳”栏目只在这份工人半月刊上出了两期，没有能发展壮大，也没有取得自己的活力，也就没有能成为马里亚特吉计划的代表农民利益的农民报纸。

① 《劳动报》，第9期，1929年8月19日。

第五章　《阿毛塔》杂志

5.1　《阿毛塔》的意图

何塞·卡洛斯·马里亚特吉在《阿毛塔》第一期上清楚明了地宣布："此时此刻，一份历史性的刊物已在秘鲁的国土上诞生，如果有人没有看到这一事实，那他的观察力就未免太迟钝了。"我们在将近80年后看到，这句话依然完全有效，因为《阿毛塔》不仅作为在建设秘鲁国家过程中的重要思想辩论中具有重大价值的杂志已经载入秘鲁社会思想的史册，而且还代表了一场赋予这个过程以内容的伟大的智力、艺术和政治运动。

《阿毛塔》一诞生就是联结一场学说、理论、政治和艺术大辩论的园地，秘鲁、拉美和世界知识界最先进的人物都参加了这场辩论。它在秘鲁、拉美与世界之间架起了一座极其重要的桥梁。马里亚特吉在《阿毛塔》第一期编者按中宣布："本刊的目的是用理论和科学观点来提出、阐明和认识秘鲁的问题。但我们将永远在世界总的形势中来考察秘鲁。"他模仿马克思的话指出，他要研究所有伟大的政治、哲学、艺术、文学和科学革新运动，"人类的一切都是我们的"。马里亚特吉还说："本刊将把秘鲁的新人首先和美洲其他各国人民中的新人，然后和世界其他国家人民中的新人联系起来。”[1]

所以，《阿毛塔》给自己的定位是这样一项计划——它在知识界不是代表一个小团体，而是代表一场运动、一种精神状态：“一段时间以来，在秘鲁就感到一股日益强劲、日益明确的革新潮流。人们把进行这场革新的人叫先进分子、社会主义者、革命者等。但历史还没有给我们最后命名。”如同马里亚特吉宣布的，这场运动中有某些形式上的不同，有某些心理上的差别，但都把使他们接近和一致的方面置于一切之上，即“都立志要在一个新世界中建立一个新秘鲁”。从这个意义上说，《阿毛塔》承认自己是使这场思想和精神运动成为有机整体的园地。[2]

《阿毛塔》不仅自己宣称，而且事实上也是一项有开创性意义的集体计划，我们认为，强调这一点非常重要。杂志存在期间收载的辩论代表了一个具有深刻理论和政治含义的参照系（这一点我们将在后文予以证明）。我们同样还要强调指出，杂志的广泛性（这是后文要详细讲到的另一点）不意味着没有特性；相反，它很清楚自己的作用和意识形态立场，但同时向最多样的内容敞开大门，并在自己的版面中容纳不同的观点。这样，论战就提升到说明和产生知识的方法论工具的地位。没有什么能比马里亚特吉自己的话能更好地强调这个想法的了：

> 我们这些本刊的创办者，不承认不可知论的文化和艺术。我们感到自己是一支进行战斗和论战的力量。对于那种容忍各种思想的、通常是虚伪的观点，我们决不做任何让步。我们认为思想有好有坏。我在我所著的《当代舞台》一书的前言中写道：我是属于一个组织、抱有一种信仰的人。现在我可以说本刊也是这样，它拒绝刊登一切违背它的思想以及一切不表达任何思想的东西。[3]

---

① 何塞·卡洛斯·马里亚特吉：《介绍阿毛塔》，载《阿毛塔》，第1期，1926年9月。
② 何塞·卡洛斯·马里亚特吉：《介绍阿毛塔》，载《阿毛塔》，第1期，1926年9月。
③ 何塞·卡洛斯·马里亚特吉：《介绍阿毛塔》，载《阿毛塔》，第1期，1926年9月。

5.2 《阿毛塔》的各个阶段

我们可以把《阿毛塔》基本上分为三个阶段。第一阶段或许可以称为创办阶段，从 1926 年 9 月第一期出版到 1927 年 7 月。如上所述，在这个阶段，杂志宣布自己是先进分子的刊物，目的是使一场“知识和精神运动”成为有机的整体。

1927 年 5 月出到第九期时，杂志被莱吉亚政府查封，马里亚特吉以领导“共产主义阴谋”的罪名被逮捕，因健康状况不佳关进军人医院。《阿毛塔》的确令莱吉亚政府非常恼火，除了立场的战斗性越来越强以外，版面上批评和谴责美国帝国主义的文章也越来越多。国内国际声援马里亚特吉、支持《阿毛塔》重新出版的行动声势浩大，政治压力迫使秘鲁政府在关押六天以后将他释放。然而查封令继续执行，马里亚特吉被迫决定转移到布宜诺斯艾利斯，准备在那里继续出版，但由于健康原因计划推迟。查封的处罚造成巨大影响，搞得莱吉亚政府狼狈不堪，最后撤销了事，同年 12 月《阿毛塔》恢复出版。马里亚特吉在第十期编者按中指出：

> 这不是死而复活。《阿毛塔》不可能死亡。可能在第三天它就一直在复活。在秘鲁国内外，它从来没有像沉默的这几个月活得这么好。我们感觉到，西班牙美洲最优秀的人物都在保卫它。[①]

1928 年 9 月《阿毛塔》第十七期出版，宣布自己是社会主义杂志，从此开始第二阶段。这时马里亚特吉宣布，一件任务即“意识形态定位工作”已经完成，第一阶段结束。第二阶段定位为社会主义性质：

---

① 《阿毛塔》社论，第 10 期，1927 年 12 月 10 日。

> 这几年《阿毛塔》是一份意识形态定位的杂志，它在版面上收载了出于坦率和尽职的理由，想要代表这一代人和这场运动说话的所有人的建议（……）我们认为意识形态定位工作已经完成。无论如何，我们已经听到了清楚明了和热情表达的意见（……）《阿毛塔》的第一阶段已经结束。在第二阶段，它已不再需要自称为新一代人、先锋派和左派的杂志。为了忠于革命，它是一份社会主义杂志就够了。[①]

前面章节指出，在大力创建政治、社会或文化运动中，过程思想具有重要意义。

> 新一代人、新精神、新感觉，所有这些术语都已陈旧。先锋派、左派、更新，应该说这些别样的标签也已经陈旧。在适当时候，它们曾是新的和好的。我们利用它们确定了暂时的界限（……）如今它们太一般了（……）新一代人如果不随之善于最终成为成年人并善于创造，那就不能真正成为新一代人。[②]
>
> 在这个存在着小革命的美洲，就连革命这个词也可做不同的解释。我们必须严肃和毫不妥协地为它恢复名誉。我们必须恢复它严格和全面的含义。拉美革命确确实实将是一个阶段，世界革命的一个阶段。它不折不扣地将是社会主义革命。[③]

第三阶段包括马里亚特吉逝世后、1930 年 4 ~ 8 月的最后三期。

为了让读者对《阿毛塔》的生命有个比较概括的看法，下面列一个刊物的大事年表：

① 《阿毛塔》社论，第 17 期，1928 年 9 月 17 日。
② 《阿毛塔》社论，第 17 期，1928 年 9 月 17 日。
③ 《阿毛塔》社论，第 17 期，1928 年 9 月 17 日。

阶段	期号	年	月	页数	备注
第一阶段	1	1926	9月	40	
	2		10月	44	
	3		11月	44	
	4		12月	44	
	5	1927	1月	44	莱吉亚查封杂志
	6		2月	44	
	7		3月	44	
	8		4月	44	
	9		5月	44	
	10		12月	44	
第二阶段	11	1928	1月	44	创建社会党
	12		2月	44	
	13		3月	44	
	14		4月	44	
	15		5~6月	44	
	16		7月	44	
	17		9月	44	
	18		10月	104	
	19		11~12月	104	
	20	1929	1月	104	
	21		2~3月	104	
	22		4月	104	
	23		5月	104	
	24		6月	104	
	25		7~8月	104	
	26		9~10月	104	
	27		11~12月	104	
第三阶段	28	1930	1月	104	
	29		2~3月	104	
	30		4~5月	104	
	31		6~7月	104	
	32		8~9月	104	

5.3 《阿毛塔》的内容

《阿毛塔》杂志的突出特点是选题广泛。虽然注重报道关于当代世界的研究和辩论的内容，但在人类活动的任何一个学科上都没有限制。它像发表哲学和精神分析论文一样，以同样的兴趣和版面刊载关于秘鲁民间艺术新元素的文章。我们经验论的研究反映了这个特点。

为了系统介绍《阿毛塔》杂志的内容，我们使用我们认为能够更好服务于研究目的的两个标准，对于它版面上发表过的文章和其他文件做了分类。即大课题板块，如经济、艺术和文学、世界政治等；定向选载的专题，如资本主义、社会主义、学生运动等。与众不同的第一点是艺术和文学在杂志全部选题中占有重要地位，为文章总数的41%。这一部分不仅有文学艺术批评和理论文章，也有短篇小说、诗歌、访谈录等等。杂志转载了大量绘画、雕刻、摄影等作品，至今未做统计。这清楚地表明了《阿毛塔》的文化性质，它虽然宣布是一份学说性杂志，但还是把文化工作当作首要任务。

另一项重要内容是书刊评介栏目，占文章总数的15%。杂志每一期都有一个名叫“图书与杂志”的栏目，刊载关于拉美、欧洲和美国最重要出版物的报道。关于世界政治的文章和文献也很丰富，占文章数量的6%。为了着重说明《阿毛塔》长期关注把对世界历史和政治进程的分析引进秘鲁，对上述后面一点要多说几句。如果把6%这个数据与秘鲁政治选题占文章数量2%的数据相比较，我们就会看到，《阿毛塔》不仅是一份秘鲁杂志，从内容的全球性来说，也是一份世界性杂志。这种精神不仅在政治方面，而且在文化和艺术方面，也会对杂志的活力产生深刻影响。为了让读者对选题内容有个总体印象，特列表如下：

《阿毛塔》杂志的内容及占比

资本主义—1%	哲学心理学和心理分析—1%
当代革命—2%	秘鲁政治—2%
拉美—2%	大学和学生运动—2%
帝国主义—2%	教育—2%
经济—2%	社会主义—3%
土著人问题—4%	工团主义和无产阶级—4%
世界政治—6%	图书评论—15%
艺术和文学—41%	其他—11%

资料来源：根据对全套《阿毛塔》杂志的分析，所占百分比根据涉及次数计算，作者自己制作。

鉴于艺术和文学在杂志中的重要性，我们认为，最好让读者更详细地了解一下这个板块的内容。虽然这不是我们研究的对象，但可以强调我们的一个看法，即《阿毛塔》基本上是一份文化杂志。现在就来看看这方面选题在杂志中是怎样分布的。

《阿毛塔》杂志中的艺术和文学，涉及的次数

建筑—1	土风—3
舞蹈—3	戏剧—4
雕刻—5	文学批评和理论—15
音乐—19	艺术和美学—25
电影—41	绘画—71
文学—254	诗歌—281

资料来源：根据对全套《阿毛塔》杂志内容的分析，作者自己制作。

诗歌和文学是在全部选题中占有突出地位的两个项目，分别涉及281次和254次。我们把短篇小说和其他文学作品的片断列入了文学项目，当然把诗歌排除在外。为了强调不仅是传播秘鲁和拉美作家而且是全世界作家文学作品在杂志中的重要性，对于涉及文学批评和理论的文章，我们是把它分开来研究的。

我们提请读者注意电影项目，有71篇文章涉及。如果考虑到电影在

20世纪20年代还处于初始阶段，就会认识到，《阿毛塔》以非常突出的方式反映了当时的一件新事物。查理·卓别林的电影作品是评论最多的内容之一。造型艺术不是作为作品本身，而是作为理论解读和批评，也明显占有重要地位；论述绘画、雕刻甚至建筑艺术的文章就属于这种情况。还可以看到音乐选题的重要性，有19篇文章涉及，此外还登载了乐谱。实际上，我们通过这些统计数据想要强调的是，艺术和文学的主要门类在《阿毛塔》中占有非常多的篇幅。在附录的内容清单中，我们介绍了杂志中这部分图画资料，尽管新闻业当时印刷条件有限，《阿毛塔》杂志本身经济条件也有限，但它仍然转载了一系列摄影、版画、绘画、油画、雕刻和建筑艺术照片等作品。

5.4 关于重大课题的辩论

《阿毛塔》杂志是对标志着人类一个历史时期的重大问题进行辩论的得天独厚的园地。19世纪末至20世纪初，在作为经济和社会结构的资本主义与作为革命方案的社会主义——这个方案动摇了欧洲社会的基础，并在苏维埃俄国找到了可行性的最明显标志——之间，人们正在争论不休。

我们选择了我们认为构成当时重大问题的三个课题，即反对帝国主义、社会主义和土著人问题。在拉美的辩论中，土著人问题是民族问题的一个主要方面，而民族问题是正在进行的一项历史建设，是尚未完成的任务，直到今天依然是有待建设的工程。

这场辩论再次出现的背景，是对美洲特性有了新的认识，是要在文化、民族、历史和疆域方面适应新的情况。为了批判在“美洲人的美洲”口号下提出的，当时在大陆非殖民化斗争中发挥了重要作用的泛美主义，提出了“人类的美洲”[①] 的原则，将它作为概括年轻的美洲国家

① 多拉·马耶尔·德苏岭：《人类的美洲》，载《阿毛塔》，第9期，1927年5月，第14～16页。

的未来的一种包容精神的座右铭。所谓包容，就是要将组成中美洲、加勒比和南美洲新人口地图的各个种族和民族统统包括在内。

在这种精神的背景下，我们发现了一种强烈愿望，就是要组成对本地土著民族，同时也对加入美洲居民的黑人、中国人和其他族群敞开大门的美洲公民，并恢复每种文化可以为组成“美洲民族”提供的精华。于是，提出了要建立一个多种族、多文化、与其历史和古老文明完全一致的、同时又对人类开放的美洲。下面要阐述的课题有着这场历史运动的深刻印记。

5.4.1 反对帝国主义

关于反对帝国主义的辩论，是美国在地区的经济、政治和军事存在日益增加的背景下在拉美出现的。20 世纪最初 20 年间，美国的经济利益在中美洲日益巩固，美国资本通过诸如联合果品公司等大型公司，主要投向香蕉业和一般水果业及咖啡业。除了石油以外，铜、铁、锌、金和银矿等金属开采也吸引了大量投资。中美洲所有国家的出口都输往美国，中美洲四分之三以上的进口都来自美国。[①]

在南美洲，美国的经济渗透基本上集中于矿业和石油开采，这些活动以铁路所有权为后盾，例如在玻利维亚，铁路长期为美国斯佩耶尔公司（Speyer）所有。直接干涉年轻国家的内部事务，而且通常与民族资产阶级结盟的政策，进一步加强了美国在地区的经济存在。而由于签订了旨在保护美国在拉美国家经济利益的双边协议，这种存在取得了合法地位。于是给予美国公司一系列让步和特权，甚至用国家资源如矿业开采、关键的铁路控制权和海关控制权等，来为这些让步和特权担保。

在秘鲁，外国资本在国民经济中的存在以英国为首，到 1925 年估计为 1.25 亿索尔；其次是美国，投资额为 9000 万索尔左右。美国投资通过基金公司（The Foundation）、弗雷德・莱（Fred Ley）、塞罗德帕斯科铜矿公

① 这些统计数据引自豪尔赫・巴萨德雷的文章《在他们扩张的同时》，载《阿毛塔》，第 9 期，1927 年 5 月，第 9～12 页。

司、北秘鲁矿业公司、美国矾公司（Vanadium Corporation of América）、圣多明戈金矿公司、国际石油公司等扎根牢固的企业，主要投向矿业和石油开采业。在奥古斯托·B. 莱吉亚统治的11年间（1919～1930年），美国资本巩固了在秘鲁的地位。

另外，巴拿马运河作为中美洲和南美洲之间的通道，同时作为连接大西洋和太平洋的通道，使美国取得了在整个大陆战略上的领土和军事控制权。

到20世纪20年代末，美国已经对拉美实行了一项“不承担责任地占领”的政策，就是说，这种新型“经济殖民主义”不以承担年轻拉美共和国经济依附之后果的政治殖民主义为后盾。这样一来，经济、政治和军事手段共同组成一整套霸权权力，特别是对中美洲系统地进行军事干预。给拉美造成严重历史后果的这种依附关系，在20世纪60年代末引起一场大辩论，“依附论”的提出便是这场辩论理论上最丰富和最有创造性的一个时期。这个课题值得进行深入得多的论述，但这不是本书研究的目的，所以就此点到为止。

在这样的背景下，1927年2月，在全世界反帝斗争中发生了一个重大事件，那就是布鲁塞尔代表大会（Congreso de Bruselas）。会上，全世界的代表第一次聚在一起讨论殖民地人民的状况，并提出反对共同敌人——帝国主义——的纲领。这一事件极大地影响到拉美，成为正在全大陆涌现的反帝联盟的根本话题。《阿毛塔》杂志对这一事件进行了广泛的评论。①

秘鲁国内关于反帝主义辩论的一个重要时期，是何塞·卡洛斯·马里亚特吉与维克托·劳尔·阿亚·德拉托雷就反帝斗争的含义进行的论战。下面复述我们认为是这场论战中一些最重要的观点，并将其概括为两个方面：第一，提出反帝主义与社会主义关系的存在方式；第二，资产阶级在反帝斗争中的作用。

---

① 胡安·安德拉德：《帝国主义与殖民地人民的斗争》，载《阿毛塔》，第15期，1928年5～6月，第32～35页。

1. 反帝主义与社会主义

在初期阶段，阿亚·德拉托雷与马里亚特吉关于反帝主义的辩论有一点看法是共同的，即必须建立一种用与资本主义不同的方式组织生产的经济制度。阿亚说到“社会正义”，马里亚特吉明确提出的选择是社会主义。阿亚·德拉托雷认为：

> 在资本主义制度的辩证法中，拉美必将变成殖民地。必须仔细思考这样一个问题：资本主义不是一个人或一群人任意制造出来的经济现象，而是由资本主义制度结构本身决定的。如果说资本主义的法则是后果，那么帝国主义就是这种法则不可避免的后果（……）因此，不要想在资本主义制度内，而应该通过试图建立另一种组织生产的经济制度得到拯救。①

但是，表明阿亚与马里亚特吉之间深刻理论和政治分歧的，是促使建立这种新型社会和经济组织的斗争的内容。马里亚特吉认为，作为能够联合拉美反帝斗争的政治阵线，“阿普拉”不能在冒着失去有效性和号召力严重风险的情况下成为政党；而阿亚·德拉托雷认为，反帝是拉美人民斗争的最高纲领，“阿普拉”应该成为政党，并在地区多个国家设立总部。现在来看问题的详细情况。

阿亚·德拉托雷认为，反帝是拉美当时历史阶段的最终目的，是美洲人民争取自由斗争的根本内容：“我们不是因为是左派才是反帝主义者，而是因为是反帝主义者才是左派。”就是说，确定左派身份，或更确切地说社会主义者身份的，首先是反帝主义者这个事实。阿亚·德拉托雷认为，“是反帝主义者就是拉美自由事业的战士。是自由事业的战士就是正义的战士”。所以，按他的说法，“有经济压迫就没有自由；因此，只要没有完全得到正义，谈论自由就没有意义。我们受美帝国主义

---

① 维克托·劳尔·阿亚·德拉托雷：《反帝斗争的含义》，载《阿毛塔》，第8期，1927年4月，第39～40页。

奴役的人民的枷锁是经济枷锁”。[①]

如果拉美争取经济自由和正义斗争的主要内容是反帝，那么按照阿亚·德拉托雷的逻辑，美洲人民革命联盟即“阿普拉”，在从阵线上升到政党地位后，是唯一可以完成美洲争取自由事业的力量。

反之，马里亚特吉认为，反帝只是争取社会主义斗争的一个阶段，虽然是一个重要阶段，但它本身不是也不可能是一个政治纲领和一场能够夺取政权的群众运动。除了工农群众以外，反帝斗争即使有民族资产阶级和小资产阶级参加，也不能抹杀阶级对立和消除利益差别。[②] 因此，反帝主义者的身份，首先应该是社会主义者，而不是相反。

> ……只有社会主义革命才能最终和真正阻止帝国主义的进展（……）我们是反帝主义者，因为我们是马克思主义者，因为我们是革命者，因为我们用社会主义这个对立的、有资格接替资本主义的制度来反对资本主义，因为在反对外国帝国主义的斗争中，我们履行我们声援欧洲革命群众的义务。[③]

阿亚·德拉托雷在流放期间把“阿普拉”定义为拉美的国民党（Kuo Min Tang，中国国民党。——译注），马里亚特吉从明确批评他的立场出发，重申他忠于革命的经济—社会构想，并指出了自己的观点与阿亚·德拉托雷的观点的深刻分歧。人们想要赋予反帝斗争与争取社会主义斗争关系的含义，明确地说明了这些分歧。马里亚特吉本人的话最好不过地恢复了这种说法的全部含义：

---

① 维克托·劳尔·阿亚·德拉托雷：《反帝斗争的含义》，载《阿毛塔》，第8期，1927年4月。未注页码。——译注

② 维克托·劳尔·阿亚·德拉托雷：《反帝斗争的含义》，载《阿毛塔》，第8期，1927年4月。未注页码。——译注

③ 维克托·劳尔·阿亚·德拉托雷：《反帝斗争的含义》，载《阿毛塔》，第8期，1927年4月。未注页码。——译注

> 在秘鲁国内原则上接受了“阿普拉”（作为一个统一阵线计划，根本不是作为一个政党，甚至不是作为切实前进的组织）的那些人，与后来在秘鲁国外把它定义为拉美国民党的那些人，二者之间的根本分歧在于，前者一直忠于反帝主义中革命的经济－社会构想，而后者这样说明他们的立场：“我们是左派（或者说社会主义者），因为我们是反帝主义者。”这样一来，反帝主义就提升到了一个纲领、一种政治立场、一场运动的范畴；而且只要有这么一场运动就足够了，不知凭借什么过程，这场运动会自发地通向社会主义、通向社会革命。[①]

马里亚特吉认为，“阿普拉”的看法过高估计了反帝运动，夸大了“争取第二次独立斗争”的神话。这就说明为什么有人想用一个政党来取代作为政治阵线的反帝联盟。最初设想为政治阵线、人民联盟的“阿普拉”，进而把自己定义为政党，把反帝斗争提升到了甚至连争取社会主义的斗争都要服从的政治纲领的地位。

2. 资产阶级的作用

由于阿亚·德拉托雷和马里亚特吉对反帝斗争的含义和内容有不同的理解，结果自然对于能够进行这场斗争的社会和政治力量产生了分歧。我们提请注意这场辩论中的第二点，就是资产阶级在反帝斗争中的作用。

既然阿亚·德拉托雷认为，概括所有争取人[②]的解放（包括社会和经济方面）的斗争的精神是反帝主义，那么，能够进行这场解放斗争包括争取社会主义斗争的社会力量，就是受到帝国主义统治（就拉美而言，美国就是这种统治的帝国强国）损害的那些力量。这样一来，按照阿亚·德拉托雷的观点，民族资产阶级就成为进行反帝斗争的主要力量

① 何塞·卡洛斯·马里亚特吉：《反帝观点》，载《马里亚特吉全集》，利马，阿毛塔出版社，1994 年。

② 为了严格忠于阿亚·德拉托雷的思想，我们不应该从人的普遍含义上，而应该从拉美公民这个具体含义上来理解“人”这个词。

之一。阿亚确定为拉美解放唯一保障的生产国有化，就是把国家生产交还给民族资产阶级。阿亚·德拉托雷发表在《阿毛塔》杂志同时收入本书的文章中虽然没有明说，但我们可以推断，他指的是两类民族资产阶级，另一类是民族主义的资产阶级，一类是与帝国主义结盟的资产阶级——这从下文中可以看出：

> 帝国主义进来时带着生意人，带着美国石油商和食糖商，带着放债的银行家（……）新爱国主义就是反对外国的经济征服者和反对他们在国内的同谋者。[①]

马里亚特吉认为，拉美各个共和国处于半殖民地地位，随着资本主义的发展和随之而来的帝国主义的渗透，这个特点会趋向于更加明显。在这样的背景下，民族资产阶级，特别是没有经历过军事占领的南美洲的民族资产阶级，由于直接从与帝国主义的合作中捞取好处，因此没有一点认真关切国家主权的特性。在美国实行过多次军事占领的中美洲，民族主义和反帝主义的说教可能会在民族资产阶级中有些许反响，所以，马里亚特吉断言："不像阿普拉的宣传天真设想的那样，南美资产阶级（……）没有一点承认必须为第二次独立而斗争的意向。"[②]

据马里亚特吉说，阿亚·德拉托雷亲自领导的"阿普拉"的反帝宣传，在中美洲得到的反响可能多于大陆任何其他地方，因为美国帝国主义在这些国家实行军事占领，在资产阶级中激起了民族主义感情。在美国还没有诉诸这种方法的南美洲，情况则大不相同。应该认真考虑这种政治心理因素，才能准确估计反帝行动的可能性。

> 只要帝国主义的政策能够操纵这些国家的感情和国家主权的正式

① 维克托·劳尔·阿亚·德拉托雷：《反帝斗争的含义》，载《阿毛塔》，第8期，1927年4月，第39～40页。

② 何塞·卡洛斯·马里亚特吉：《反帝观点》，见《马里亚特吉全集》，利马，阿毛塔出版社，1994年。

程序，只要它没有被迫诉诸武装干涉和军事占领，就绝对能够得到资产阶级的合作。尽管资产阶级依附于其他国家的帝国主义经济。①

然而马里亚特吉很清楚，无论掌权的是资产阶级还是小资产阶级，都不能实行真正的反帝政策，因为他们的经济利益受到与帝国主义内在合作的保护。即使一个“民族主义”政府可能使用与门罗主义的泛美主义不同的语言，在借贷和让步方面也会与任何别的资产阶级政府同样行事，甚至会变成可能会发生的社会主义革命的最残忍敌人。他本人的话最好地阐明了这一点：

> 最能蛊惑人心的小资产阶级能用什么反对资本主义的渗透呢？什么也没有，只有空话。（……）作为蛊惑人心的运动，为了反帝主义而攻击政权或许永远不能代表为了无产阶级群众、为了社会主义而夺取政权。社会主义革命最残忍和最危险的（说它危险，是因为它思想混乱，因为它蛊惑人心）敌人，或许就是掌握政权的小资产阶级。②

这场论战收入了《阿毛塔》，但超出了杂志版面的范围，逐渐向外扩展，深刻影响了秘鲁政治历史，从而基本上形成了两派：带有各种微小差别的社会主义派，“阿普拉”代表的资产阶级民主派。在本书范围内，上面谈到了1927年开始的辩论的最初阶段，而这场辩论后来导致马里亚特吉与阿亚·德拉托雷的政治决裂。

5.4.2 社会主义

《阿毛塔》上关于社会主义的辩论基本上分为两个阶段。虽然时间

---

① 何塞·卡洛斯·马里亚特吉：《反帝观点》，见《马里亚特吉全集》，利马，阿毛塔出版社，1994年。向第一次拉美共产党会议（布宜诺斯艾利斯，1929年6月）提交的论文，由秘鲁与会代表胡利奥·波托卡雷罗宣读。

② 何塞·卡洛斯·马里亚特吉：《反帝观点》，见《马里亚特吉全集》，利马，阿毛塔出版社，1994年。

标准是相对的，但我们可以说，第一阶段基本上是在杂志前 29 期展开的，即从 1926 年 9 月到 1930 年 3 月。第二阶段更加明确地说是在马里亚特吉逝世以后进行，即从 1930 年 4 月到 9 月，当然在这时期以前就有某些表现。如同下面讲到的，在这两个阶段，辩论从不同角度涉及本国问题。

1. 第一阶段：秘鲁社会主义

在我们所称的第一阶段，根据拉美现实和当地社会的特点，把社会主义作为一种国家结构提了出来；于是谈到了“秘鲁社会主义”，说这种社会主义应该把土著人问题作为政治和纲领性实践的根本要素，同时也要作为一种理论和学说结构。如下面要引用的马里亚特吉的话，所指出的第一个要解决的问题是消灭封建制及其两个主要表现，即大庄园和农奴制。

> 社会主义是一种方法和一种学说，一种思想和一种实践（……）如果说我们在辩论中将印第安人问题分开来谈，是因为在实践中、在事实上它也是不同的。城市工人是无产者；印第安农民依然是农奴。城市工人的权利要求代表反对资产阶级的斗争；印第安农民的权利要求还代表着反对封建制的斗争。因此，这里第一个要解决的问题是消灭封建制的问题，封建制互相关联的表现是两个：大庄园和农奴制。①

将印第安人问题纳入关于社会主义的辩论，是因为事实上存在的状况：秘鲁大部分劳动群众是土著人，建设社会主义应该考虑这个特殊性。因此，社会主义不是普遍的、独一无二的结构，而是应该与特定社会的历史、社会和文化根基相联系的一种“思想”和一种“实践”。不能仅从在资本主义生产方式中的作用，而且还需从文化和民族特殊性的角度

① 何塞·卡洛斯·马里亚特吉：《土著主义与社会主义》，载《阿毛塔》，第 7 期，1927 年 3 月，第 39 页。

来认识秘鲁无产阶级。所以，它的社会主义觉悟将不仅是无产阶级的，而且也是土著人的。“土著人的革命觉悟或许还没有形成，但是，印第安人一旦把社会主义思想变成自己的思想，就会转化成一种纪律、一种坚韧性、一种力量，而很少有其他方面的无产者能够超过他们。”[①] 作为革命要素的土著人的力量，不仅来自他们的社会主义觉悟，而且也来自他们土著人身份的民族和文化特点。

同时，由于农村印第安人还是农奴，所以与城市工人的主要斗争是反对资产阶级不同，他们的斗争是反对封建制。马里亚特吉认为，考虑到这些因素，第一个应该解决的问题是消灭封建制及其最明显的表现形式，即大庄园和农奴制。所以，争取社会主义的斗争应该包括消灭封建制的斗争。[②]

在第一阶段，《阿毛塔》杂志用非常宽泛的标准，从理论和政治角度谈论社会主义，向最多样的立场开放了空间；同时再次利用论战方法，深入地阐明社会主义的这个问题、这种学说和这种政治和文化实践的各个方面。例如我们看到，杂志既发表了英国工党党员、著名戏剧家萧伯纳关于英国问题和社会主义的讲演，也有试图从历史角度对拉美和世界多个国家的社会主义进行总结的文章。奥斯卡·埃雷拉题为《阿根廷社会主义和工团主义思想的发展》一文，以其分析能力引人关注。该文对阿根廷的社会主义做了历史分析，着重讲了工人运动的状况和社会党的局限，称该党已经丧失了更新的能力，它的人道主义纲领已经走到尽头。文章同时总结了阿根廷的共产主义运动，指出它已分裂成参加第三国际的共产党和工人共产党，从而根据阿根廷个案，反映了一个将标志拉美社会主义一个历史阶段的问题。

建设社会主义的战略和策略也是辩论的一个重要核心。例如，应该特别讲一讲法学家塞萨尔·乌加特与马里亚特吉就阶级斗争与“无产阶

---

① 这段话引自以《对酋长制的起诉：土著人问题提纲》为标题发表的文章，载《阿毛塔》，第25期，第69页。杂志没有特别说明作者，但确为何塞·卡洛斯·马里亚特吉撰写。

② 何塞·卡洛斯·马里亚特吉：《土著主义与社会主义》，载《阿毛塔》，第7期，第37页。

级专政”在社会主义这种历史结构中的作用而进行的论战。下面再现这场论战的主要方面。

乌加特认为，应该从历史价值和普遍学说价值两个角度来评判俄国的社会主义。从历史价值上说，承认布尔什维主义把苏联人民从普遍的无政府状态中拯救出来，并使他们免受饥馑、外国入侵和封锁。此外，在权利、经济、教育和政治方面的经验是一笔世界性遗产。然而，从历史上肯定社会主义不应该意味着为其革命和政治行动所采取的方法进行辩护；据乌加特说，社会主义理想不应该与阶级斗争和“无产阶级专政”思想连在一起。从这个意义来说，可以通过劳动阶级的教育和政治进步、人民越来越多地参加国家治理、自由传播思想和发扬互助合作精神来建设社会主义，这些因素可以从根本上改造社会，而不必经受革命或专政的混乱和暴力——即使是无产阶级专政。因此根据这种观点，社会主义、民主、互助和自由是互为补充的术语。故此，应该认为革命只是关键阶段的最高手段，为在各种生活方式终结和发展的自然而缓慢过程中建立的新机构开辟空间。

马里亚特吉在附于文章发表之后的按语中驳斥了乌加特的看法，承认他从宪法规定的权利角度出发研究苏联社会主义的贡献，但对于阶级斗争在革命过程中的作用问题上提出了不同看法。马里亚特吉指出：

> 乌加特博士不愿意接受布尔什维克的经验在社会主义实践中合乎逻辑的后果（……）我们这位尊贵的朋友把对革命行动的保留推向极端，甚至把阶级斗争本身列入他不赞成的观点。对他本人的评论来说，这无疑是一个极端的结论。乌加特博士认为，“为了在现政权中得到对他们权利的尊重和他们地位的改善，同时为了在政治生活中发挥作用和夺取政权，劳工阶级有组织的集体行动的最重要因素是这些阶级的工会组织”。总而言之，阶级斗争不存在于别的事情上。

因此，马里亚特吉的看法是，乌加特对阶级斗争在社会主义实践中适当性的保留，是个简单的性格问题，因为实质上，乌加特接受通过劳动者在现政权内有组织的集体行动夺取政权的必要性，大体上这意味着他承认阶级斗争的含义。马里亚特吉认为，对“阶级斗争”这个术语——不是它的内容——的这种保留，只是存在于知识分子中的偏见和忧虑的又一表现。

这场辩论超越《阿毛塔》版面的另一个重要时刻，是发生在关于革命性质的那个时刻。何塞·卡洛斯·马里亚特吉、乌戈·佩斯塞（医生）、胡利奥·波托卡雷罗（工人）和马丁内斯·德拉托雷都是刚刚组建的秘鲁社会党领导班子成员，他们起草了两篇论文，准备提交1929年6月1~12日在布宜诺斯艾利斯举行的第一次拉美共产党会议（Primera Conferencia Comunista Latinoamericana）。其中一篇刊载在《阿毛塔》杂志第25期（1929年7~8月）上。这是第三国际在拉美举行的第一次大陆会议，由维托里奥·柯都维亚领导。据弗洛雷斯·加林多说，这是个“连发音都不像是拉美人”[①] 的人物。马里亚特吉通过佩斯塞和波托卡雷罗带去的论文题目是《反帝观点》和《拉美的种族问题》，后面这篇后来发表在《阿毛塔》杂志上。

如同何塞·阿里科指出的，[②] 1919~1928年，第三国际的兴趣基本集中于欧洲，对美洲大陆很少关注。从1928年7~9月举行的共产国际第六次代表大会起，面对资本主义制度未来年头所要应对的危机所形成的即将到来的革命形势，它才决定重新集中和调整队伍。在拉美，共产国际的兴趣基本集中在工人阶级人数众多的阿根廷和智利，秘鲁工人阶级年纪尚轻，人数又少，进入它的关注范围较晚。在这样的背景下，决定举行第一次拉美共产党会议。

---

① 弗洛雷斯·加林多：《马里亚特吉的弥留之际》第3版，利马，农民支持学会出版社，1989年，第37页。

② 阿里科的看法见弗洛雷斯·加林多《马里亚特吉的弥留之际》第3版，利马，农民支持学会出版社，1989年。

当时，第三国际提出，拉美各国社会的性质是“半殖民地”，地区革命的内容是“民主—资产阶级的”，革命要依靠与民族资产阶级结盟，因为这个阶级可以搞资本主义现代化和进行反对封建制及其残余的正面斗争。马里亚特吉等人认为，拉美特别是秘鲁革命只能是社会主义的。原因很明显：拉美民族资产阶级一直忠于帝国主义，因为与帝国主义合作是它们最佳的获利源泉之一。美国曾对几个中美洲国家实行军事占领，那里的资产阶级可能倾向于采取爱国立场。除此之外，拉美其余地区的民族资产阶级没有任何意向要为国家主权而斗争。南美的资产阶级和小资产阶级都对制订本国计划不感兴趣。只有社会主义革命能够完成从殖民地独立起提出的这项尚未完成的任务。

秘鲁代表团在这次会议上维护的立场，不仅与第三国际领导及其拉美领导人不合拍，而且令其不快。这是因为：第一，这种立场不同意无视各国现实的特点，更无视各国社会的文化和历史状况，把拉美所有社会说成“半封建”社会。第二，这种立场反对把拉美革命定性为“民主—资产阶级革命”，而提出必须进行有“广大手工业者、贫苦农民、农业工人、无产阶级和正直知识分子”[①] 参加的社会主义革命。第三，秘鲁代表团拒绝为秘鲁党采用共产党的名称，这不仅是名称问题（第三国际拉美领导人提出，最终名称是共产党），而是因为它要建一个以“有组织的工人和农民群众”[②] 为基础、采用社会主义纲领、明确说明它的斗争是反对外国帝国主义和本国资产阶级的群众性政党。在成立纪要中，秘鲁社会党明确宣布“它与小资产阶级组织或团体结成统一战线或结盟的策略”，只要它们“切实代表一场有具体确定目的和权利要求的群众运动”。

关于最后一点的冲突很激烈，当维托里奥·柯都维亚说社会党的名称意味着“背叛无产阶级利益和向资产阶级投降”[③] 时，达到最尖锐时

① 《拉美革命运动：1929 年 6 月第一次拉美共产党会议上的版本》，《南美书信》杂志编辑，布宜诺斯艾利斯，s/f。

② 《秘鲁社会党成立纪要》，1928 年 10 月 7 日。

③ 《拉美革命运动：1929 年 6 月第一次拉美共产党会议上的版本》，《南美书信》杂志编辑，布宜诺斯艾利斯，s/f。

刻。这是一场没有终结的辩论，由于马里亚特吉逝世戛然而止，但对于了解秘鲁左派的发展过程及其目前状况很有益处。由于明显的原因，本书不能深入地论述这个问题，但是建议，有兴趣者不妨去参阅参考书目中提到的阿尔维托·弗洛雷斯·加林多的《马里亚特吉的弥留之际》一书。

2. 第二阶段：加入第三国际

在辩论的第二阶段，提出社会主义是一种世界性的思想体系和实践，其联系纽带是它的国际主义维度，强调普遍状况，而忽视各国情况的特殊性和个性。辩论仍然提到民族问题，但已经不是一个赋予社会主义这种政治实践和理论建设以内容的因素，因而失去了本国特性和当地现实的含义；根据第三国际的思想和方针，提出民族问题是全球纲要和纲领性行动的一部分。提出斗争是“民族民主”斗争，主要与民族资产阶级结盟。共产党应该放弃自己的政党地位，成为第三国际在各国的支部，由第三国际决定其在各国的政治战略和策略。在这个第二阶段，关于社会主义的辩论失去了第一阶段具有的丰富性和真正意义，退化为只是在当地实行莫斯科制定的政治战略。

这个阶段基本上包括马里亚特吉逝世后《阿毛塔》的最后三期，其间，杂志的领导成为一个亲近第三国际官方路线的小圈子。因此，关于社会主义的辩论基本体现在发表对苏俄社会主义建设的分析文章上。下面引述的这段话，清楚地反映了第二阶段这种精神在《阿毛塔》上的表现：

> 每个时代有自己的纪律、自己的实践、自己的准则。当今时代无疑是第三国际，它是面对现实具体深思熟虑的产物。如果说第三国际离开了马克思主义（尽管指责他的人这样说，但没有发生这样的事），离开了所谓纯粹的或科学的或教条的或正统的马克思主义，走上了这样那样的倾向，那可能是因为情况要求这样。关于每一项理论，俄国社会主义革命都对自己占压倒地位的现实有着强有力和具体的论证。它只需要依靠自己，依靠自己的经验。如果认为需要，它完全可以埋

> 葬马克思和恩格斯。它很强大，完全可以脱离它甩到后面的东西（……）革命的神秘论中有着各种集体的异端——当然是在无产阶级内部产生的，因为无产阶级是革命运动的真正创造者——但只要它们意味着有纪律地前进，而不是无政府地后退。[①]

马里亚特吉逝世后，无论在《阿毛塔》杂志还是秘鲁社会党内，最亲近第三国际思想的派别占据了高位。接替者欧多西奥·拉维内斯是个不属于马里亚特吉班子的人。秘鲁社会党采用了秘鲁共产党的名称，并参加了第三国际。马里亚特吉反对采用共产党的名称，不是因为简单的名称问题，而是因为他认为的秘鲁革命所具有的斗争性质，这在前面已经说明。同样，他对第三国际为秘鲁制定的革命策略和战略持批评态度，这在分析他发给第一次拉美共产党会议的两篇论文中可以看出。然而，在我们下面引述的发表在《阿毛塔》最后一期的这段话中，却把马里亚特吉说成第三国际领导的一场政治斗争的开创者：

> 是在这里，在最大的危险中，无产阶级最优秀的分子组建了共产党（……）这就是秘鲁共产党。马克思主义在我们之间的历史，因此就是这个党的历史，上溯到1923年何塞·卡洛斯·马里亚特吉从欧洲归来的时候，他从那时就开始了不知疲倦地宣传马克思主义的工作。《阿毛塔》的问世在秘鲁社会运动史上标志着一场斗争的开始，这场斗争将以我们党革命地夺取政权而结束（……）。作为第二（应该是第三——作者注）国际的支部，我们党服从总部设在世界无产阶级的祖国——俄罗斯——的所有共产党的纪律。[②]

由此可见，这样就抛弃了马里亚特吉思想中最丰富、最有创造性的

---

① 里卡多·马丁内斯·德拉托雷：《论战与行动》，载《阿毛塔》，第16期，1928年7月，第33页。

② 里卡多·马丁内斯·德拉托雷：《移动的图景》，载《阿毛塔》，第32期，1930年8～9月。

一个方面，即认为社会主义是根据马克思主义这个普遍的理论框架和从人类历史运动中产生的政治实践，紧密结合秘鲁现实的一种本国结构。

5.4.3 土著人问题

20世纪最初几十年间，拉美从多维角度再次提出印第安人问题，着重讲到问题的经济、社会、政治、文化和民族因素。1910年墨西哥革命是再次引起这场辩论的一次具有重大意义的历史事件。19世纪末，辩论的内容基本上是民族问题，并且局限在欧洲人观点内。从20世纪初开始，把土著人问题看作是构建美洲新特性的一部分，认为印第安人不仅是这种新特性的灵感源泉，也是它的社会、经济和文化基础。于是，土著人问题在关于地区民族问题的辩论中占据了中心地位。

《阿毛塔》杂志上关于土著人问题的辩论反映出这种多方面意义，我们试图在以下篇幅进行系统介绍。

1. 土著人问题的经济方面

马里亚特吉把印第安人问题置于经济和社会方面来考察，而不带有20世纪初大部分辩论所具有的抒情意味。因此，土著人问题不仅是要求印第安人得到教育、文化、进步、爱和天空的权利，而且断然要求他们得到土地的权利。

在发表于《阿毛塔》第十期和第十一期题为《秘鲁的土地问题：对酋长制或封建制的公诉状》中，马里亚特吉指出，独立革命建立的民主—资产阶级政权没有消除秘鲁的封建制。因为：第一，在共和国的一百年中，没有能够在秘鲁发展资本主义的真正的资产阶级；第二，伪装成共和国资产阶级的旧有的封建阶级不仅保持而且还加强了他们的政治和经济地位。其结果是在共和国一百年中，尽管宪法理论上规定了自由制，资本主义经济的发展也具体要求自由制，但大地产制反而得到了巩固和扩张。

因此，依然存在的封建制有两个表现，即大庄园和农奴制。不消灭大庄园，就不能消灭对土著人的奴役。这样提出问题，就不能将资产阶级自由派的解决方案与革命的解决方案混为一谈。资产阶级自由派的解决方案，就是分割大庄园、建立小地产。马里亚特吉认为，由于在土著人的农业和生活中依然存在着村社和社会主义因素，这种自由派的解决方案错过了历史时机。应该在这样的基础上寻找土著人问题的解决方案。

马里亚特吉认为，作为殖民地遗产一部分、在秘鲁依然存在的封建制，与发展迟缓的资本主义的初期形式同时并存。在任何国家，土地制度都决定着政治和行政制度。所以，民主和自由体制不能在半封建经济基础上运行和发展。西班牙殖民政权摧毁了当地土著人的经济，却未能用高级的经济组织形式取而代之。因此，西班牙的殖民制度不仅打碎和消灭了印卡人的农业经济，也消灭了它的人力资源，把一个强大有效国家（印卡帝国）的一千万人的有组织的民族，变成了农奴制压迫下一百万人的一盘散沙。

马里亚特吉认为，由于文化原因，土地问题也是土著人问题的实质性因素，因为土著人主要是农民，每天从事放牧和耕种。主要特征是农业文明的印卡文明，遵循着生命来自土地的基本原则。

2. 民族和文化方面

是曼努埃尔·冈萨雷斯·普拉达把土著人问题的民族方面引进了辩论，其基本点是对一小撮欧洲和印欧混血人统治广大印第安人提出质疑。统治者集团中出现了“改良人种”的身影，他们虽然是印欧混血人，却成了土著民众最残酷的暴君和压迫者。从下面引述冈萨雷斯·普拉达本人的话中，我们可以看出这样提出问题的含义：

> 民众的真正暴君，利用两三个印第安人压榨和压迫其他印第安人的人是“改良人种”，① 这个词既包括山区的乔洛人或印欧混血人，也包括沿海的黑白混血人和黑印混血人。我们在秘鲁看到一种高高在上的现象：除了欧洲人和人数极少的本国白人或称土生白人

① “改良人种”指的是凌驾于自己同类之上、成为同类人最残酷压迫者的人。——作者注

以外，居民分成数量极不相等的两部分：改良人种或统治者，以及土著人或被统治者。十万到二十万人高高凌驾于三百万人之上。①

统治印第安人的系统性工具是不加区别的欺压，这种做法建立在“山区酋长”和“利马阔佬”之间的联手之上。西班牙人与“改良人种”这种阴险的联盟，不仅是对印第安人，而且是对从亚洲和非洲输入、从事农业劳动的其他居民最严重的不公平和欺压行为的罪魁祸首。统治者接近印第安人是为了欺骗、压迫和腐蚀他们；表面上他们受过某种程度的教育，但他们的行为一点也不文明。这样就把庄园变成了所谓民主氛围中的独裁王国，下面的引文就表明了这一点：

> 一些庄园主的儿子小时候去欧洲，在法国或英国接受教育，披着文明人的各种外衣回到秘鲁；可是刚一深居在庄园里，就丢掉了欧洲的表面功夫，表现得比他们的老子还不人道和暴力：猛虎戴着礼帽、穿着斗篷和大星齿的马刺又出现了。总之，庄园成了共和国腹地里的王国，庄园主在民主制环境中扮演着专制君主的角色。②

冈萨雷斯·普拉达严厉和猛烈地谴责压迫印第安人的制度不仅是一种社会和经济现实，而且是一种不人道和不道德的状况。有人指责印第安人野蛮、“拒不接受文明”，但是，没有比所谓文明的统治者强加在印第安人头上的不人道的统治制度更野蛮的了。文明以人的道德为准则，而秘鲁的统治者没有人的道德。

> 行善已经从义务变成习惯、善举已经成为本能的行动的社会才配称为高度文明的社会。秘鲁统治者达到这种程度的道德化了吗？

---

① 曼努埃尔·冈萨雷斯·普拉达：《我们的印第安人》，载《阿毛塔》，第16期，第4~7页。
② 曼努埃尔·冈萨雷斯·普拉达：《我们的印第安人》，载《阿毛塔》，第16期，第4~7页。

他们有权利认为印第安人是不能接受文明的人吗?[①]

印第安人应该为了自己的救赎和解放而斗争，即使不得不用更大的暴力来对付用来压迫他们的暴力。

土著人的地位可以通过两种方式得到改善：要么压迫者有极大的同情心，承认被压迫者的权利；要么被压迫者有十足的男子汉气概，奋起惩戒压迫者。如果印第安人把挥霍在酒精和欢闹聚会上的所有金钱用来买来福枪和子弹，如果在自己茅屋的一个角落或一块石头的缝隙里藏一支枪，他们就会改变地位，就会让人尊重他们的财产和他们的生命。用暴力对付暴力，惩戒夺取他们羊毛的东家、以政府名义征召他们服役的大兵，以及抢劫他们家畜和驮畜的山寇。不要向印第安人宣扬谦恭和忍受，要鼓吹自尊和造反。[②]

冈萨雷斯·普拉达接着说：“印第安人要靠自己的奋斗，不要靠压迫者变得人道来救赎自己。”

3. 美洲新印第安人

乌列尔·加西亚在题为《新印第安人》[③] 的文章中提出，要重新解读美洲的征服。从欧洲人角度看，美洲的征服是一次用文明把美洲从野蛮中解放出来的事件，或者说，是一次扩展西班牙领地和财富的政治—经济事件。从深入批判这种西方解读的角度出发，对征服提出了一种美洲解读，认为美洲的征服是两种完全相反的文化的一次相遇，这次相遇既动摇了入侵者也动摇了被统治者的道德立场。这种文化碰撞造成一个深刻的心理过程，一方面，这个过程把当地文化引向了不曾预见的道路，但是并没有消除民族性这种与过去及其历史根基有深刻联系的精神价值；

① 曼努埃尔·冈萨雷斯·普拉达：《我们的印第安人》，载《阿毛塔》，第16期，第4~7页。

② 曼努埃尔·冈萨雷斯·普拉达：《我们的印第安人》，载《阿毛塔》，第16期，第4~7页。

③ 乌列尔·加西亚：《新印第安人》，载《阿毛塔》，第8期，1927年4月，第19~20页。

另一方面，这次碰撞通过诸如土著种族、环境、印卡文化和安第斯山本身（它不仅是地理环境，也有其历史意义）等强大因素的影响，使西班牙文化的重要价值发生了变化。

从这个角度出发，不是把殖民地时期看作印卡时期与共和国之间的一个空白，而是看作一个新安第斯山时期。在这个时期中，印卡精神与外来文化的形式相结合，造就了一种依然牢固保持着自己文化和历史根基的新印第安人。

必须承认，新安第斯文化的所有形式都是美洲的形式，这些形式包含着土著人血液和被美洲环境改变了的、具有新价值的征服者同等比例的血液。为了能够生存，征服者不得不遵循安第斯历史的节奏，同样，安第斯文化也不得不出于同样理由经受变化。然而，新安第斯文化不是单一性的，因为它在某些方面比其他方面有着更强烈的安第斯节奏：有时候印卡的东西占主导地位，西班牙的东西居次要地位；有时候情况则相反。

殖民者带来的西方因素扩展了视野，引进了新的意识形态和象征性因素。这样一来，新印第安人进入了另一个世界，扩大了自己的传统世界，在未来的可能而不是在目前的现实方面走向了无限。殖民地还没有造就出完全新型的印第安人。新印第安人还没有形成，要等到印卡的因素和殖民者的因素按照现代文化的方式经过完全改造的将来他们才会出现。重要的是要看到，土著人特性的恢复在新印第安人身上的表现，不是向过去倒退，而是承认和完善新的历史情况引起的变化，是对现代的肯定。

新土著人的特性不是一种孤立现象、一种个人态度，而是一场运动，一场超越地理分界、以种族意识为连接因素的集体计划。路易斯·巴尔卡塞尔于 1927 年 1 月 22 日在阿雷基帕大学做的一次演讲中，清楚地说明了这种态度：

新印第安人抱着怎样的愿望？因为已经不是要把土生土长的个

人孤立地包括在稠密的印欧混血人－欧洲人中：是那群低于人类的民众，即秘鲁、玻利维亚和阿根廷的一千万印第安人重新组成有关联的社会群体，寻找光明，并在内心的洞穴中发现种族意识那失去的火光。[①]

这场新运动不仅是一种文化现象，而且也是一场能够开展共同计划和集体斗争的政治运动：

泛印第安主义运动的当地先锋队提出了什么计划？（……）首先，新印第安人将要断然重新得到他们的地位；将要宣布他们的权利；将要结上他们的历史断线，以便重建印卡帝国的基本体制。[②]

同时，只能由印第安人自己把这场集体斗争继续推向前进，因为他们已经从自己的根基中重新发现了自己，并且充分意识到了新的历史时期：

新印第安人已经发现了自己。不是他还有谁会解决他的问题？不是他还有谁会找到引导他走向他那古老意识中难懂世界的道路？土著人问题要由印第安人来解决。[③]

这种新土著人的特性也反映在新的文化和美学表现形式中。对阿根廷画家吉列尔莫·布伊特拉戈作品的一段旁注，向我们清楚地说明了对新艺术的寻求：

在居住在玻利维亚和库斯科的月份里，布伊特拉戈用他聪明的

① 路易斯·巴尔卡塞尔：《土著人问题》，载《阿毛塔》，第7期，1927年3月，第2～4页。
② 路易斯·巴尔卡塞尔：《土著人问题》，载《阿毛塔》，第7期，1927年3月。
③ 路易斯·巴尔卡塞尔：《土著人问题》，载《阿毛塔》，第7期，1927年3月。

精力，一方面研究艾马拉和克丘亚民族的过去和往事，另一方面理解他们历史的现在，用他的创作天才把它们调和在一种艺术观念中，由于这种观念的可能性，我们突然想到，它打开了目前的美洲艺术应该遵循的真正意义的密码（……）布伊特拉戈的作品（……）表现出了维护新美洲一种真正美洲艺术的意图，因为它已经不单是完完全全印卡人的美洲（……）我们的感觉，我们的精神，我们生活的意义，甚至我们周围的景色全都不同了（……）因此，我们的艺术不能在过去的事物中模仿，必须从现在中出现，在我们正在经历的东西中产生。[①]

还应该强调指出对土著人救赎描绘的浪漫景象，因为在历史上，那是一种持久的立论源泉，一个引发拉美土著政治运动的因素。从《阿毛塔》发表的巴尔卡塞尔的一篇短篇小说中引述的下面一段话，就是这种景象的有力例证。那是对土著文化和体制的一种理想化，在这种理想化中，印第安人将是摆脱奴役和压迫的“重新崛起的种族”。如同曼科·卡帕克和玛玛·奥克约浮出的喀喀湖创建印卡帝国一样，新印第安人必将出现，来把他的种族从奴隶制中解放出来。

学校靠艾柳一直坚持办着：好像猜到绝对不再是奴隶的新印第安人会从那里出来似的，那是大家一起去建造的，大家也都支持它。新学校是重新崛起的种族的苗圃。三百、三百五十所属于印第安人也是为了印第安人的学校分布在无边的高原上（……）公立学校是句老生常谈，公派教师是个莫须有的职位。在有“他们的”学校的地方，印第安人再也不去寡情薄义的印欧混血人教师的那些学校，因为那些教师仍然像农奴一样对待他们。印第安人逃离了国家大肆吹嘘地称为的第10589所公立学校、第5432所学校中心那肮脏的小

① 罗伯托·拉托雷：《旁注：新印第安人》，载《阿毛塔》，第24期，1929年6月，第93～94页。

破房子。[①]

4. 作为地理空间和历史单位的安第斯山

安第斯山以其全部的大地意义展现在人们面前，它不仅是一个地理空间，而且是一个连接了一种以印卡帝国为最重要时期的文明的历史单位。[②] 同时，安第斯山历史价值的连续性，是后来的新安第斯文化与印卡人往昔保持联系的基础。作为极其雄伟壮观的地理空间，安第斯山象征着对于居住在那里的人的一种持续的挑战，不仅能够在殖民者中而且能够在从图帕克·阿马鲁到玻利瓦尔的美洲人心中激发出最高昂的英雄气概。

如同乌列尔·加西亚指出的，[③] 对于征服者来说，安第斯山是一个全新的舞台，成为他们控制和占有印第安女人行径的强大的外部刺激。换了一个不太雄伟壮观、不太具有挑战性的环境，征服者的冒险勇气或许不会脱离默默无闻的命运，也不会具有征服事件这么大的历史意义。

5. 种族

种族的概念是作为民族身份和地理空间的综合出现的。因此，土著种族植根于他的环境、他的空间，即植根于安第斯山以及安第斯山包括的所有国家的印第安人。所以，土著种族是秘鲁人居环境中各种民族的总和。让我们看看巴尔卡塞尔下面的这段话：

> 起义种族（Raza Insurrecta）的到来只有两种选择：要么意味着盲目的毁灭、鬼迷心窍的种族斗争；要么意味着在合同或契约范围内创造性的进化，这是使定居在秘鲁“人居环境”中的各种民族得到稳定的重要手段。我们这些有知识的工人必须寻求第二种解决

---

① 路易斯·巴尔卡塞尔：《新印第安人》，载《阿毛塔》，第9期，1927年5月，第3~4页。

② 乌列尔·加西亚：《新印第安人》，载《阿毛塔》，第8期，1927年4月，第19~20页。

③ 乌列尔·加西亚：《新印第安人》，载《阿毛塔》，第8期，1927年4月，第19~20页。

方案。[1]

再来看看何塞·贝哈拉诺的话，他在与巴尔卡塞尔同样的意义上提出了“起义种族”，并强调指出了土著人民群众作为潜在的解放因素的活力：

> 在当前的历史时期，对我们种族未来最令人喜悦的许诺是，我们人民群众下意识的活力有着唯一的来源和唯一的目的；我们在内心深处承认，精神将会为我们的种族说话这样的预言是一个不容置疑的伟大真理。不确切地称为拉美、从发现美洲起在物质和精神上受奴役的这些国家，已经经受了四个世纪的专制统治，这已经成为我们那生出翅膀的“精神”蝴蝶此时此刻飞将出来的虫蛹。[2]

墨西哥教师和思想家何塞·巴斯孔塞洛斯写了一部著作《宇宙种族》,《阿毛塔》第二期为此刊发了一篇评介文章。他宣告，美洲拉丁种族的使命是实现民族和文化的融合，以便使所有受到人类友爱这种宇宙渴望鼓舞的人成为一种新种族。热带因为极大地集中了自然财富，将成为发展一种灿烂文明的空间，吸引各个种族和各种才能的人，从而为造就一种优秀的人开展先驱性斗争。

作为所有拉美民族的熔炉，“宇宙种族”肩负着解放的任务，只有在完成这项任务时，才能造就出优秀的人。因此，“起义种族”将为“宇宙种族”开辟道路。如同巴尔卡塞尔在下面一段话中所指出的，一致的抗议和呼声将成为安第斯山宇宙的呐喊：

> 四面八方发出一致的呼声。高山和平原、洼地和顶峰的人吼

---

① 路易斯·巴尔卡塞尔：《土著人问题》，载《阿毛塔》，第7期，1927年3月，第2~4页。

② 何塞·贝哈拉诺：《让我们相信我们的种族》，载《阿毛塔》，第13期，1928年3月，第32~33页。

着同一个呼声。犹如一支颤抖、响亮的箭，吼向天空。听不见别的吼声，好像所有人只能发出那一个颤抖的声音。让我们活下去！是那个强大的、一接触到土地就返老还童的种族在要求他们行动的权利。这个种族一直蜷伏在古老的外来文化的沉重压力之下。束缚在征服者的铁甲中，土著人心灵中顽强的精力正在消损。现在抗议爆发了，一致的呼声回响在一个个山峰，最后变成安第斯山宇宙的呐喊。①

6. 美洲民族

人们承认，印第安人作为美洲大陆大部分国家多数群体的存在，是构成美洲民族的基本因素。

土著农民构成秘鲁全部人口的五分之四。玻利维亚、厄瓜多尔、哥伦比亚和阿根廷的一半组成安第斯山的土地集体。这个安第斯山集体的问题与委内瑞拉、巴西、墨西哥、中美洲和安的列斯群岛等这些其他国家是共同的。很大比例的土著种族居民构成美洲民族的基本成分。②

由于构成秘鲁大多数居民的印第安人在公民地位上受到限制，土著人问题也表现在国家层面。即使法律制度规定他们与其压迫者享有同等的法律地位，但实际状况和习惯做法剥夺了印第安人的所有权利，只让他们履行义务。③ 所以，土著人问题也是建设秘鲁国家的问题。

① 路易斯·巴尔卡塞尔：《安第斯山的风暴》，载《阿毛塔》，第 1 期，1928 年 3 月，第 32 ~ 33 页。

② 路易斯·巴尔卡塞尔：《安第斯山的风暴》，载《阿毛塔》，第 1 期，1928 年 3 月，第 32 ~ 33 页。

③ 路易斯·巴尔卡塞尔：《安第斯山的风暴》，载《阿毛塔》，第 1 期，1928 年 3 月，第 32 ~ 33 页。

5.5 《阿毛塔》杂志：理论与实践相结合的产物

我们认为，《阿毛塔》杂志是马里亚特吉理论工作与政治和文化实践相结合的产物。它拒绝成为“纯粹知识分子的消遣和游戏”，宣布奉行“一种历史思想”“一种积极的和民众的信念”，听命于一场当代的社会运动。[①] 它是联络起一场文化运动的园地，这场运动对于秘鲁社会思想和左派形成这个开创性的历史阶段产生了深刻影响。它在版面上开展的论战扩展到秘鲁和拉美各地，把一场关于重大课题的全大陆辩论联络在一起，而这些课题至今仍然是一项尚未建成的工程的关键性问题。

① 《社论》，载《阿毛塔》，第17期，1928年9月。

权作结束语

本书不想对涉及的课题作详尽的研究，而是相反，只想提醒人们，对于马里亚特吉思想的多方面意义和深入研究其著作的必要性要予以关注。他那丰富和重要的思想不仅反映在理论著作和观点上，而且反映在政治、意识形态、经济、文化、哲学和美学著作里。

根据这一点，我们可以肯定，《阿毛塔》杂志所反映的马里亚特吉的著作具有多种意义。第一，文化和教育意义，表现在他的新闻观和旅欧归来制订的出版计划上。第二，政治意义，表现在创建秘鲁工会运动上，运动的最重要时期是成立秘鲁总工会和创建秘鲁社会党。第三，理论意义，即通过掌握马克思主义这个理论框架和高度关注秘鲁和拉美的特殊状况和特点，来理解秘鲁和拉美的现实。一般和抽象的东西在特殊和具体的东西中具有了新的意义，同时，具体的东西从一般的东西中得到了丰富。他的理论著作在谈到土著人问题、秘鲁建设社会主义的战略和策略、拉美革命的含义、反帝斗争的内容和民族问题时，都有重要论述。此外，他还写了文学和艺术批评的文章，这开辟了研究他著作的新领域，但在本书中我们只是点到而已。

何塞·卡洛斯·马里亚特吉的理论、教育和新闻工作，是在构成改造社会的力量的社会阶层的领导下设计国家计划的过程中进行的。不抱偏见地思考这一事实不仅是一个很有现实意义的现象，而且可以使我们的工作有助于设计并提出在秘鲁和拉美尚未完成的任务。

很大一部分这样的努力已经成为开展新研究的依据和出发点，而这些研究都与拉美的政治史、社会思想和对拉美局势的多方面分析密切相关。

附录一　秘鲁社会党纲领

何塞·卡洛斯·马里亚特吉 1928 年 10 月起草，党的中央委员会 1929 年初通过

纲领应该是一项声明下列各点的学说宣言。

(1) 当代经济的国际性质。这种性质不允许任何一个国家逃避从目前的生产条件中出现的变化潮流。

(2) 无产阶级革命运动的国际性质。社会党要使自己的实践适应国家的具体情况，但要接受广泛的阶级观点，即使国家情况本身也要服从世界历史的节奏。一个多世纪前的独立革命是一场所有受西班牙奴役的人民的共同运动；社会主义革命是一场所有受资本主义压迫的人民的共同运动。如果说没有南美洲国家的紧密联合，就不能进行从原则上说是民族主义的自由派革命，那么就很容易理解这样的历史规律：在一个各民族更加互相依存和连在一起的时代，这样的历史规律要求，通过无产阶级政党更加有纪律和紧密得多的协调，来进行原则上是国际主义的社会革命。马克思和恩格斯的《共产党宣言》用历史性的格言浓缩了无产阶级革命的首要原则："全世界无产者，联合起来！"

(3) 资本主义经济矛盾的尖锐化。资本主义是在像我们这样一个半封建的人民中发展的；在达到垄断和帝国主义阶段的时刻，适用于自由竞争阶段的任何自由派意识形态都已不再有效。帝国主义不允许它当作其资本和商品市场、当作原料仓库来剥削的任何一国的半殖民地人民，

实行国有化和工业主义的计划；它强迫它们实行专业分工、单一产品生产制（在秘鲁是石油、铜、食糖、棉花），遭受持久性制成品危机，这种危机源于资本主义世界市场因素做出的对国家生产的严格规定。

（4）资本主义处于它的帝国主义阶段。这个阶段是垄断的、金融资本的、为独占市场和原料产地而进行帝国主义战争的资本主义。这个阶段的马克思主义社会主义的实践是马克思—列宁主义的实践。马克思—列宁主义是帝国主义和垄断阶段的革命方法。秘鲁社会党采用马克思—列宁主义作为斗争方法。

（5）由于没有强有力的资产阶级，由于造成国家沿资本主义道路前进缓慢的国内和国际条件，在依附资本主义利益集团、与酋长制和受教会强大影响的封建制勾结在一起的资产阶级政权下，共和国时期秘鲁的前资本主义经济不可能摆脱殖民地封建制的弊端和残余。国家的殖民地命运继续着它的进程。只有通过与世界反帝斗争联合在一起的无产阶级群众的行动，国家的经济才能获得解放。只有无产阶级的行动才能首先激励、然后实现资产阶级政权没有资格开展并完成的民主—资产阶级革命任务。

（6）在依然存在的村社如同在大型农业企业中一样，社会主义也可以找到用社会主义解决土地问题的要素；这种解决方案将部分地容许在发展农业集体经营的同时，在以佃农制和小地产制这种开发方式为主的区域实行个体经营，实行小农开发土地。但是，如同对于土著村庄的自由再现、土著村庄的当地力量和精神的创造性表现给予的激励一样，这样做绝对不意味着建设或复活印卡社会主义这种浪漫的、反历史的倾向，因为印卡社会主义适应的历史条件已经完全过时；作为一种完全科学的生产技术中可以利用的因素，它只剩下了土著农民的合作和社会主义习惯。社会主义的前提是技术、科学、资本主义阶段，它在取得现代文明成果时不能引起最微小的后退，相反，应该以最快速度、有条不紊地将这些成果纳入国家生活。

（7）只有社会主义能够解决真正民主和平等教育的问题，依靠这样的教育，每个社会成员能够接受他的能力使他有权得到的任何教育。社会主义教育制度是唯一能够完全和系统地实行唯一学校、劳动学校、学校村社——总之当代革命教育所有理想的原则的教育制度。这些理想与资本主义学校的特权是不相容的，因为这样的学校注定要让贫穷阶级处于文化低下地位，把高等教育变成对财富的垄断。

（8）完成民主—资产阶级阶段后，革命在目的和学说方面就成为无产阶级革命。通过斗争具备了行使权力和实行自己纲领之能力的无产阶级政党，在这个阶段执行组织和维护社会主义秩序的任务。

（9）秘鲁社会党是无产阶级的先锋队，是在争取实现自己的阶级理想的斗争中担负指引和领导无产阶级任务的政治力量。

关于土著人问题、经济形势、反帝斗争主题的草案，将附于本纲领后予以公布，经各支部讨论并经中央委员会将修改意见写入文本后，将在党的第一次代表大会上最终提出。

自宣言发表之日起，党将向所有自己成员、向劳动群众发出号召，为下列近期权利要求而工作：

·广泛承认工人结社、集会和新闻自由。

·承认所有劳动者有罢工权利。废除路线限制。

·用国家开始实施的《刑事法典》草案中专门衡量懒惰问题的条款取代《懒惰法》，只有与专门法律的精神和刑事标准不相容的除外。

·规定社会保险和国家社会救助。

·在农业劳动中实施工伤事故、女工和童工劳动保护和八小时工作制的法律。

·将沿海山谷的疟疾列为职业病等级，由庄园主承担随之产生的救助责任。

·规定在矿区和一百〇五种不卫生的，对劳动者健康有危险和有害的劳动中实行七小时工作制。

·矿业和石油企业必须持久和切实承认其劳动者享有国家法律保障给予他们的所有权利。

·按照生活费用和劳动者提高生活水平的权利，增加工业、农业、矿业、海上和陆上运输业和鸟粪岛屿上的工资。

·切实废止任何强制或无偿劳动，废除或惩罚山区的半奴隶制。

·将大庄园的土地授给村社，按照满足需要的比例在社员中分配。

·无偿征收修道院和宗教团体的田产，供村社使用。

·在一块土地上连续耕种三年以上的“亚纳卡纳”农、佃农等人，有权通过支付不超过目前租金标准60%年金的方法，最终取得其小块土地的使用权。

·对于所有继续做小农或佃农的人，至少将此项租金标准降低50%。

·将农业灌溉工程占用的耕地判归合作社和贫苦农民拥有。

·在所有地方维护有关法律承认给予雇员的权利。

·由劳资双方代表数目相等的委员会，以不得丝毫损害法律规定的权利的方式，制定享受退休金权利的规章。

·实行最低工资和薪酬。

·起码在宪法条款范围内认可信仰和宗教教育自由，并随之废除针对非天主教教会的最近政令。在各个级别实行免费教育。

这些是社会党即刻将要为之斗争的主要权利要求。所有这些权利要求都符合民众物质和精神解放的迫不及待的要求。所有这些权利要求必然得到无产阶级和中产阶级有觉悟分子的积极支持。

在宪法和宪法给予公民的保障的保护下，党公开活动以便不受限制地创办和传播自己的报刊，举行自己的代表大会和进行辩论的自由，是由这个组织公开创建之举本身要求得到的权利。

如今通过本宣告对人民讲话的紧密相连的团队，怀着对历史义务和责任的意识，坚决地承担捍卫和宣传自己的原则、不惜任何代价地保持和壮大自己组织的使命。我们在政治斗争中代表其利益和渴望的城市、农村和矿区的劳动群众与土著农民，将会把这些权利要求和这种学说变成自己的权利要求和学说，坚持不懈和奋力地为它们战斗，并通过这场斗争找到通向社会主义最后胜利的道路。

秘鲁工人阶级万岁！

世界无产阶级万岁！

社会革命万岁！

附录二　马里亚特吉的著作

（一）专著

序号	书名	发表年份	出版社	简介
1	关于秘鲁国情的七篇论文	1928	阿毛塔	马里亚特吉最著名和传播最广的专著。已经译成20多种语言。第一版于1928年由阿毛塔出版社印刷。到1994年已经印行60版。
2	意识形态与政治	1969	阿毛塔	遗作，收集了马里亚特吉发表在《阿毛塔》《山区》等杂志和《劳动报》上的文章。包括关于这个课题的一些文选的最终版本由其家人完成。
3	让我们把秘鲁秘鲁化	1970	阿毛塔	遗作，由马里亚特吉的家人根据其从1919年5月19日到1925年9月11日发表在《世界》杂志“让我们把秘鲁秘鲁化”专栏上的一系列文章完成。
4	教育问题	1970	阿毛塔	遗作，收集和整理了马里亚特1923～1929年撰写的关于教育问题的24篇文章。该书的全部文章中，21篇发表在《世界》杂志，2篇发表在《万象》杂志，1篇发表在《光明》杂志。
5	我们美洲的问题	1959	阿毛塔	遗作，收集了马里亚特吉1930年之前发表在《世界》和《万象》杂志关于美洲问题的文章。
6	当今人早晨的心灵和其他季节	1950	阿毛塔	这部著作收集了马里亚特吉逝世前不久整理和分类的文章，除《罗马与哥特式艺术》一篇外，均发表于《万象》《世界》《阿毛塔》杂志。

续表

序号	书名	发表年份	出版社	简介
7	意大利来信	1969	阿毛塔	收集了马里亚特吉写于欧洲，从1923年5月至1922年4月（有误，但原文如此——译注）发表在利马《时代报》（日报）上的文章。
8	世界危机史	1959	阿毛塔	遗作，收集了马里亚特吉从1923年至1924年1月在人民大学所做的大部分演讲
9	当代舞台	1925	阿毛塔	收集了马里亚特吉于1923年以前撰写的关于世界生活的形象和状况的一部分文章，由作者编排和修订。
10	世界生活的形象和状况	1925	阿毛塔	遗作，包括马里亚特吉撰写的关于世界生活的形象和状况文章的第二部分，几乎均发表于1923～1925年的《万象》杂志。
11	捍卫马克思主义	1959	阿毛塔	第一部分名为“革命的论战”，收集了从1928年7月至1929年6月撰写的文章，这些文章发表于利马《世界》和《万象》杂志，后来发表于《阿毛塔》杂志第17～24期。第一部分由作者本人编辑，要在阿根廷巴别塔出版社出版。第二部分名为“反动派的理论与实践”，汇集了由家人挑选的关于这个课题的5篇文章。
12	小说与生活。西格弗里德与卡内拉教授	1955	阿毛塔	生命后期撰写，故去后出版。

*发表年份指第一版年份。

（二）青年时期写作：1911～1919年

诗歌

序号	题目	日期	媒介
1	蜜涅瓦·维克特里克斯		
2	秋季幻想曲		
3	坏脾气		
4	夜曲	1915年春	
5	括号	1915年春	
6	涅槃		
7	吗啡		
8	赞扬你的影射		

续表

序号	题目	日期	媒介
9	友好的旧表		
10	厌烦的午祷		
11	感伤的对话		
12	失眠	1916 年	
13	解说	1905 年 3 月 30 日	
14	恭顺的赞扬		
15	一朵白玫瑰易碎的奥秘		
16	乡愁		
17	赞塞万提斯		
18	赞禁欲的密室	1916 年 2 月	
19	教堂乐队的怀念之声		
20	吐露心事时分		
21	相会时分		
22	肯定	1916 年 2 月	
23	神经错乱的幻想		
24	赞乳色玻璃		
25	下午的电影		
26	跑马场激情五		
27	跑马场激情六		
28	跑马场激情七		
29	跑马场激情八		
30	跑马场激情九		
31	跑马场激情十		
32	致托尔托拉・巴伦西亚	利马，1916	
33	怀念的祈祷		
34	典雅的赞歌		
35	你不是不合时代潮流		
36	今天		
37	茶		
38	苦艾酒		
39	献给莱昂尼达斯・耶罗维不朽精神的祷告词		

续表

序号	题目	日期	媒介
40	赞歌		
41	一个竞赛的下午	1916年5月27日	赛马杂志
42	在一场辩论之外（现代主义纪事）		
43	赞费伯（现代主义赞歌）		
44	肯达利夫讲述的一个赛马前试跑的上午		
45	在赌注之外		
46	肯达利夫赢得一场赌注的有效妙方		
47	为了赢得一场失败		
48	遛马场纪事		
49	冰冷的激情（赛马前试跑的上午）		
50	一周报告		
51	带着时钟		
52	赤脚僧林荫道		

短篇小说

1	胡安·曼努埃尔
2	乞丐
3	胜者拉迪亚德·林
4	赛马的职业骑师弗兰克
5	一个体育运动的下午
6	阿米德·贝伊
7	梅尔瓦的太太
8	假面舞会
9	爱上了莉莉·甘特的男人
10	那是五点茶的一次打赌……
11	一匹赛马的故事
12	轻浮的书信集（地道的小说）
13	鲁比的赛马职业骑师
14	维利的赛马职业骑师吉姆
15	伊斯泰尔亲王
16	竞赛
17	正在进行的战争……

戏剧

1	蒙面女人（作者：胡利奥·德拉帕斯，胡安·科洛尼克乌尔）
2	女元帅（作者：亚伯拉罕·巴尔德洛马尔，何塞·卡洛斯·马里亚特吉）

报道

序号	题目	日期	报纸
1	马德里简讯	1911年2月24日	新闻报
2	伊斯兰教国家家庭闺阁时尚	1911年5月7日	新闻报
3	令人愉快的读物　巴黎的逛街人	1911年5月8日	新闻报
4	在那些街上　阿帕切人	1911年8月7日	新闻报
5	上帝周	1912年4月8日	新闻报
6	经常东奔西走的人	1912年5月1日	新闻报
7	在那些街上　蠢事	1912年5月18日	新闻报
8	预言不幸的人	1912年9月14日	新闻报
9	Nodgi 的野蛮祭祀	1912年9月14日	新闻报
10	白天的事件	1914年4月29日	新闻报
11	一位女诗人的末日	1914年5月11日	新闻报
12	穿越树木	1914年5月18日	新闻报
13	和你漫谈，女读者	1914年6月21日	利马世界
14	圣周	1914年7月9日	新闻报
15	体育热	1914年7月12日	新闻报
16	在野蛮人中	1914年7月19日	新闻报
17	对电报的说明……	1914年8月1日	新闻报
18	豪雷斯之死	1914年8月3日	新闻报
19	关于时刻	1914年8月4日	新闻报
20	加罗斯的英勇末日	1914年8月5日	新闻报
21	死在君士坦丁堡的一位秘鲁百万富翁	1914年8月17日	新闻报
22	马克斯·林德之死	1914年10月3日	新闻报
23	种族的节日	1914年10月12日	新闻报
24	粗俗的事情（在警察报道之外）	1914年10月13日	新闻报
25	比利时国王	1914年10月18日	新闻报
26	传统朝圣	1914年10月20日	新闻报
27	大学年	1915年1月18日	新闻报

续表

序号	题目	日期	报纸
28	感伤的时刻	1915年1月27日	新闻报
29	一场荣誉的没落	1915年2月24日	新闻报
30	两场悲剧	1915年2月27日	新闻报
31	悲痛的巴黎	1915年3月1日	新闻报
32	回忆名人	1915年3月12日	新闻报
33	船舰幻影	1915年3月18日	新闻报
34	梅特林科的传教活动	1915年3月19日	新闻报
35	皮埃尔·洛蒂在战争中	1915年3月20日	新闻报
36	塞基博士的一封信	1915年3月21日	新闻报
37	Viendo la cusresma	1915年3月28日	新闻报
38	冯·贝尔纳迪与目前的战争	1915年3月31日	新闻报
39	神圣的日志	1915年4月1日	新闻报
40	巨人的失败	1915年4月7日	新闻报
41	感伤的漫谈	1915年4月9日	新闻报
42	铁器时代	1915年4月14日	新闻报
43	詹姆斯·布赖斯先生眼中的利马	1915年4月15日	新闻报
44	关于詹姆斯·布赖斯其人	1915年4月17日	新闻报
45	对吉斯的崇敬	1915年4月17日	新闻报
46	韦尔塔的乡愁	1915年4月20日	新闻报
47	囚徒加罗斯	1915年4月21日	新闻报
48	即席报道	1915年4月25日	新闻报
49	邓南遮与战争	1915年4月27日	新闻报
50	世纪弊端	1915年4月29日	新闻报
51	“历史在重演，先生们”	1915年5月2日	新闻报
52	对阿特的询问	1915年5月2日	新闻报
53	和平主义妇女	1915年5月2日	新闻报
54	威尔曼斯·“迪利菲罗”怎样杀的人	1915年5月6日	新闻报
55	可怕的嫉妒剧	1915年5月17日	新闻报
56	一个西班牙人论述战争的书	1915年5月21日	新闻报
57	一个惊险小说冒险家	1915年5月22日	新闻报
58	昨夜的罪行	1915年6月1日	新闻报
59	路边街头卖艺人	1915年6月2日	新闻报

续表

序号	题目	日期	报纸
60	述评。Bonafoux proscrito	1915年6月10日	新闻报
61	恐怖的武器	1915年6月16日	新闻报
62	在城郊。一群著名的匪徒	1915年6月17日	新闻报
63	滑铁卢一百年	1915年6月18日	新闻报
64	伊卡洛斯道路。我向无限探身	1915年9月27日	新闻报
65	1900年2月5日	1915年12月25日	新闻报
66	奴仆的心理学	1916年2月4日	拉丁魂
67	社会回音。漫谈	1916年7月17日	时代报
68	温泉疗养地的罪行	1916年7月30日	时代报
69	半夜火灾	1916年8月10日	时代报
70	罕见的狗——蒂姆	1916年9月8日	时代报
71	“一位失踪贵妇的冒险”	1916年11月27日	时代报
72	托尔托拉·巴伦西亚在圣贝亚特丽斯	1916年12月9日	赛马场
73	命运，吉卜赛女人与妇女的洞察力	1917年2月23日	时代报
74	传统朝圣	1917年4月10日	报道报

会见记

1	会见卡洛斯·奥克塔维奥·本赫
2	和费德里科·梅尔滕斯在一起
3	路易莎·莫拉莱斯·马塞多，可敬佩的艺术家
4	今日一代文学人
5	托尔托拉·巴伦西亚在《时代报》报社
6	与索尔·福利叶的谈话
7	诗人马丁内斯·卢汉
8	和邓斯坦先生在一起
9	轻快小歌剧女王帕基塔·埃斯克里瓦诺

报道和其他

序号	题目	日期
1	日常事物术语词典	1916年2月12日
2	日常事物术语词典	1916年2月14日

续表

序号	题目	日期
3	日常事物术语词典	1916年2月15日
4	日常事物术语词典	1916年2月16日
5	日常事物术语词典	1916年2月17日
6	日常事物术语词典	1916年2月18日
7	日常事物术语词典	1916年2月19日
8	日常事物术语词典	1916年2月20日
9	日常事物术语词典	1916年2月21日
10	日常事物术语词典	1916年2月22日
11	日常事物术语词典	1916年2月23日
12	日常事物术语词典	1916年2月26日
13	日常事物术语词典	1916年2月27日
14	日常事物术语词典	1916年2月28日
15	书信集号外	—
16	日常事物术语词典	—
17	日常事物术语词典	—
18	日常事物术语词典	1916年3月23日
19	日常事物术语词典	—
20	日常事物术语词典	1916年4月20日
21	日常事物术语词典	1916年4月21日
22	日常事物术语词典	—
23	日常事物术语词典	—
24	日常事物术语词典	1916年6月6日
25	日常事物术语词典	1916年6月13日
26	日常事物术语词典	1916年6月19日
27	日常事物术语词典	1916年6月22日
28	日常事物术语词典	1916年6月28日
29	日常事物术语词典	1916年7月15日

当日木偶戏

序号	题目	日期	报刊
1	新年。议会的下午	1916年1月1日	新闻报

续表

序号	题目	日期	报刊
2	括号。吻手礼	1916年1月1日	新闻报
3	一塌糊涂!	1916年1月4日	新闻报
4	退场	1916年1月5日	新闻报
5	鸦片	1916年1月9日	新闻报
6	失去的时间	1916年1月17日	新闻报
7	最后的工作日	1916年1月25日	新闻报
8	假期	1916年1月25日	新闻报

戏剧报道

序号	题目	日期	报刊
1	虚假生活	1914年5月11日	新闻报
2	收获	1914年6月18日	新闻报
3	居民区的人们	1914年6月27日	新闻报
4	戏剧名人：埃斯佩兰萨·伊里斯	1915年2月2日	新闻报
5	市政和至上剧院昨夜的晚会	1915年5月23日	新闻报
6	论戏剧。市政剧院今日的演出	1915年10月26日	新闻报
7	论戏剧。在市政剧院	1915年11月22日	新闻报
8	论戏剧。在市政剧院	1915年11月23日	新闻报
9	论戏剧。在市政剧院	1915年11月24日	新闻报
10	论戏剧。在哥伦布剧院，在至上剧院，在市政剧院	1915年11月26日	新闻报
11	论戏剧。在市政剧院	1915年11月27日	新闻报
12	论戏剧。在市政剧院	1915年11月29日	新闻报
13	论戏剧。在市政剧院	1915年11月30日	新闻报
14	论戏剧。在市政剧院	1915年12月1日	新闻报
15	论戏剧。在哥伦布剧院，在至上剧院，在市政剧院	1915年12月3日	新闻报
16	论戏剧。在阿根廷哥伦布剧院	1915年12月3日	新闻报
17	论戏剧。在市政剧院	1915年12月5日	新闻报
18	论戏剧。见到安东尼娅·梅尔塞	1915年12月12日	新闻报
19	论戏剧。在市政剧院。蒙面女郎们	1915年12月17日	新闻报
20	论戏剧。在市政剧院，在哥伦布剧院	1915年12月23日	新闻报

续表

序号	题目	日期	报刊
21	论戏剧。在市政剧院，在哥伦布剧院	1915年12月24日	新闻报
22	论戏剧。在市政剧院，在哥伦布剧院	1915年12月26日	新闻报
23	论戏剧。在市政剧院。菲利内·威尔比斯特	1916年5月29日	新闻报
24	论戏剧。在市政剧院	1916年5月31日	新闻报
25	论戏剧。在市政剧院。坏名声	1916年6月24日	新闻报
26	艺坛大事：托尔托拉·巴伦西亚在市政剧院	1916年12月3日	时代报
27	托尔托拉在市政剧院。这位女艺术家的新胜利	1916年12月4日	时代报
28	剧院漫步。在市政剧院。玛丽亚·格雷罗和费尔南多·迪亚斯	1916年12月10日	时代报
29	剧院漫步。在市政剧院。在弗兰德斯，太阳已经降落。在哥伦布剧院	1916年12月11日	时代报
30	剧院漫步。在市政剧院。好角唐娜玛丽亚。ElMazzi	1916年12月14日	时代报
31	剧院漫步。在市政剧院。蜀葵	1916年12月15日	时代报
32	剧院漫步。在市政剧院。自尊	1916年12月16日	时代报
33	剧院漫步。在市政剧院。命运发号施令。在至上剧院	1916年12月17日	时代报
34	剧院漫步。在市政剧院。明星的项链。托尔托拉·巴伦西亚	1916年12月20日	时代报
35	剧院漫步。在市政和哥伦布剧院。阿尔科斯的恩惠	1916年12月22日	时代报
36	剧院漫步。在市政剧院。伟大的上尉	1916年12月24日	时代报
37	剧院漫步。在市政剧院。玛丽亚娜·德埃切加赖与玛丽亚·格雷罗的恩惠	1916年12月26日	时代报

文学草稿

序号	题目	日期	媒介
1	侧影。路易斯·费尔南·西斯内罗斯	1912年6月10日	打字抄稿
2	我们的戏剧及其目前的兴起时期。作品和作者	1915年1月3日	新闻报
3	奥古斯特·阿吉雷·莫拉莱斯的《祈祷书》	1916年4月4日	新闻报
4	赛马集中场纪事	1916年5月6日	赛马场

续表

序号	题目	日期	媒介
5	关于美杜莎的一封信。作者：胡安·克罗尼克乌尔，奥古斯特·阿吉雷·莫拉莱斯	1916年9月6日	时代报
6	一次演说：3小时，48页，51次引语	1916年4月30日	新闻报
7	一辆汽车逃离城市	1916年10月9日	时代报
8	致一位诗人的信	1917年1月1日	新闻报
9	雷沃尔托索致莱莫斯伯爵的公开信	1917年6月2日	赛马场
10	《卡梅罗骑士》：亚伯拉罕·巴尔德洛马尔的短篇小说集	1918年4月9日	新闻报
11	拉斯金百年纪念	1919年6月27日	理性报

在艺术之外

序号	题目	日期	媒介
1	在艺术之外	1914年1月1日	新闻报
2	在艺术之外。回复卡斯蒂略	1914年1月7日	新闻报
3	孔查比赛	1914年12月24日	新闻报
4	孔查比赛	1914年12月26日	新闻报
5	孔查绘画奖	1914年12月29日	新闻报
6	绘画奖。在一幅肖像之外	1915年1月1日	新闻报
7	洛萨诺作的卡斯蒂利亚雕像	1915年4月30日	新闻报
8	乌加特画的一幅肖像	1915年5月1日	新闻报
9	圣女罗莎纪念碑比赛	1915年6月4日	新闻报

走上自己的道路

序号	题目	日期	媒介
1	陈述	1918年6月22日	我们的时代
2	恶劣的倾向。军队的义务和国家的义务	1918年6月22日	我们的时代
3	马里亚特吉解释《我们的时代》上他的文章	1918年6月27日	时代报
4	当日话题。政治团体的重组	1918年7月6日	我们的时代
5	前言。我们在新闻界的立场	1919年5月14日	理性报
6	面对政治问题。斗争的背景、方式和前景	1919年5月14日	理性报
7	政治机会主义。最后时刻的候选人资格	1919年5月17日	理性报

续表

序号	题目	日期	媒介
8	当日政治。罢工后的选举问题	1919 年 6 月 3 日	理性报
9	十年之后。莱吉亚先生为什么不说话?	1919 年 6 月 11 日	理性报
10	开始的时刻	1919 年 7 月 4 日	理性报
11	革命之后。新政府应该代表的东西	1919 年 7 月 7 日	理性报
12	利马众议员。竞选的意义。候选人	1919 年 7 月 24 日	理性报

政治报道，发表于《时代报》“声音”专栏

序号	题目	日期
1	懒腰。动员	1916 年 7 月 17 日
2	离去的人们	1916 年 7 月 18 日
3	失去的舞台	1916 年 7 月 18 日
4	在昏暗中。现状	1916 年 7 月 18 日
5	预言。街头电影	1916 年 7 月 20 日
6	走向顶点。打电话	1916 年 7 月 21 日
7	总统们的别墅。布景	1916 年 7 月 22 日
8	一段献词。按照常规。英雄姿态	1916 年 7 月 23 日
9	星期日休息。候选人在前进	1916 年 7 月 24 日
10	上弦月。明显的剽窃。巧克力，通心粉。著作权	1916 年 7 月 24 日
11	使植物向一定方向生长的栽培法。圣经奇迹	1916 年 7 月 26 日
12	前夜。美学。警报器。卖弄风情	1916 年 7 月 27 日
13	制造烟火的女人。前阶段。第一个工作日	1916 年 7 月 28 日
14	预兆。心理状态	1916 年 7 月 30 日
15	经典比赛。今天	1916 年 7 曰 31 日
16	前言。预测。第一幕	1916 年 8 月 1 日
17	模拟。议会制。平静的日子	1916 年 8 月 2 日
18	日常会议。苦艾酒。公开宣布信仰	1916 年 8 月 3 日
19	宣传。悲惨的街灯	1916 年 8 月 4 日
20	懒惰。领袖	1916 年 8 月 5 日
21	便条，便条，便条……在门厅……	1916 年 8 月 6 日
22	间奏曲。开幕。跪拜。掌声	1916 年 8 月 7 日

续表

序号	题目	日期
23①		
65	别人的喝彩。第六个下午	1916 年 9 月 19 日
66	最后的晚餐。第七个下午	1916 年 9 月 20 日
67	第八个下午	1916 年 9 月 21 日
68	第九个下午	1916 年 9 月 22 日
69	幕间休息	1916 年 9 月 23 日
70	预告	1916 年 9 月 24 日
71	归来	1916 年 9 月 25 日
72	调停。第十个下午	1916 年 9 月 26 日
73	春天	1916 年 9 月 27 日
74	再次幕间休息	1916 年 9 月 28 日
75	第十一个下午	1916 年 9 月 29 日
76	第十二个下午	1916 年 9 月 30 日
77	半途而废	1916 年 10 月 1 日
78	糟糕的预感	1916 年 10 月 2 日
79	询问	1916 年 10 月 3 日
80	雷鸣般的举动	1916 年 10 月 4 日
81	演说，演说，演说	1916 年 10 月 5 日
82	盛大节日。疑问	1916 年 10 月 6 日
83	哀伤	1916 年 10 月 7 日
84	次子。在目录中	1916 年 10 月 8 日
85	千篇一律	1916 年 10 月 9 日
86	大辩论	1916 年 10 月 10 日
87	消沉	1916 年 10 月 11 日
88	打铃的下午	1916 年 10 月 12 日
89	鼾声	1916 年 10 月 13 日
90	赦免	1916 年 10 月 14 日
91	评注和批注	1916 年 10 月 15 日
92	总统的股息	1916 年 10 月 16 日
93	伟大的议会时分	1916 年 10 月 17 日
94	昨天的工作日	1916 年 10 月 18 日
95	显而易见的奇迹	1916 年 10 月 19 日

①缺少原文第 165 页，此处故缺序号为 23 ~ 64 的文章题目。——译注

续表

序号	题目	日期
96	感谢的日子	1916年10月20日
97	香槟酒	1916年10月21日
98	职责与束之高阁	1916年10月22日
99	全能的规定。制度与小歌剧	1916年10月23日
100	后期。奇妙的灯	1916年10月24日
101	严肃的表情。现状	1916年10月25日
102	最后一天。激动人心的辩论	1916年10月26日
103	精彩的结局	1916年10月27日
104	难过的情绪	1916年10月28日
105	在询问之间	1916年10月29日
106	顶点	1916年10月30日
107	诗歌与政治	1916年10月31日
108	和解	1916年11月1日
109	不确定。土生白人菜谱	1916年11月2日
110	坏兆头。和解	1916年11月3日
111	雾。迷人的时分	1916年11月4日
112	在门坎上。回归	1916年11月5日
113	摇摆不定。政治上的土生白人主义	1916年11月6日
114	疑问。达摩克利斯之剑。别人的荣耀	1916年11月7日
115	现状。后果。争论	1916年11月8日
116	期待。神权	1916年11月9日
117	变化无常的人在讲述……乐观主义	1916年11月10日
118	纽约的奥秘。无关紧要	1916年11月11日
119	不同政见。蠢事	1916年11月12日
120	漫长的等待。同情	1916年11月13日
121	在迷宫中。从人行道望去	1916年11月14日
122	昨天，今天和明天……在英勇的困境中	1916年11月15日
123	噩梦。负责的出版者。友好的舆论	1916年11月16日
124	又一天。往前走	1916年11月17日
125	下弦月。悔恨	1916年11月18日
126	无眠。在店后	1916年11月19日
127	透过孔隙观察	1916年11月20日

续表

序号	题目	日期
128	钟表握在手里。日常境遇。新游艇	1916年11月21日
129	嘴上抹蜜	1916年11月22日
130	冰冷时分。谈话和菜单	1916年11月23日
131	特别会议。官方候选人名单	1916年11月24日
132	空空的场地	1916年11月25日
133	议会主义	1916年11月26日
134	千篇一律	1916年11月27日
135	安静无声	1916年11月28日
136	重要的高级会议。有把握的胜利	1916年11月29日
137	闭幕	1916年11月30日
138	奇怪的冒险	1916年12月1日
139	街头评注。更多候选人资格	1916年12月2日
140	诙谐的讲演术。奉若神明	1916年12月3日
141	欢庆的日子	1916年12月4日
142	新政党	1916年12月5日
143	令人激动的邮件。奇诺人的会议	1916年12月6日
144	倦怠	1916年12月7日
145	最后的信。诡计	1916年12月8日
146	连续的敲鼓声和简短热切的祷词	1916年12月9日
147	又一天。共和国卫队	1916年12月10日
148	胜利的进军	1916年12月11日
149	序曲之前	1916年12月12日
150	又快又直接	1916年12月13日
151	在以一块糖果为依据时。出类拔萃者	1916年12月14日
152	在门后。幽默	1916年12月15日
153	为了今天！为了明天	1916年12月16日
154	明白了！	1916年12月17日
155	在日光下。令人不安的会议	1916年12月18日
156	述评	1916年12月19日
157	骚动	1916年12月20日
158	万事大吉。醋意	1916年12月22日
159	在第一排里	1916年12月23日

续表

序号	题目	日期
160	特拉拉拉！[①]	1916年12月24日
161	重要证人	1916年12月24日
162	现在的故事	1916年12月25日
163	圣诞树	1916年12月26日
164	大庄园	1916年12月27日
165	坏消息。日常会议	1916年12月28日
166	偏离正道。无辜者	1916年12月29日
167	扇子	1916年12月30日
168	华盛顿—利马	1916年12月31日
169	圣诞前夜。第一天	1917年1月1日
170	吻手礼	1917年1月2日
171	看着店后	1917年1月3日
172	高潮	1917年1月4日
173	烦恼。又一次延期	1917年1月5日
174	在加比别墅面前	1917年1月6日
175	周六之夜	1917年1月7日
176	暂时消失	1917年1月8日
177	宠儿。空空的场地	1917年1月9日
178	声援。别人的果敢	1917年1月10日
179	一个被戳穿谎言的人	1917年1月11日
180	悲惨的旅行	1917年1月12日
181	糟糕透顶的名单	1917年1月13日
182	乔里略斯来信，再见	1917年1月14日
183	基督徒的钓鱼	1917年1月15日
184	假期	1917年1月16日
185	憎恶与忧虑	1917年1月17日
186	爱情海滩	1917年1月18日
187	半夜时分	1917年1月19日
188	现实主义的瓦乔	1917年1月20日
189	少数，多数	1917年1月21日
190	前途	1917年1月22日
191	悲惨的长途旅行	1917年1月23日

①疑为一个象声词，不知何意。——译注

续表

序号	题目	日期
192	无可指责的传奇。真实的音讯	1917年1月24日
193	新别墅	1917年1月25日
194	悲剧般的凌晨	1917年1月26日
195	国家参议员	1917年1月27日
196	官方候选人名单	1917年1月28日
197	重要音讯	1917年1月29日
198	半夜时分	1917年1月30日
199	土生白人逻辑	1917年1月31日
200	宫廷报道	1917年2月1日
201	政治与马匹	1917年2月2日
202	不安的时刻	1917年2月3日
203	糟糕的神经	1917年2月4日
204	大为惊恐	1917年2月5日
205	面对冲突	1917年2月6日
206	先头部队	1917年2月7日
207	浴场和道路	1917年2月8日
208	欢快的城市	1917年2月9日
209	乌基耶塔博士在写……	1917年2月10日
210	政治夏季	1917年2月11日
211	日常素描	1917年2月12日
212	发抖	1917年2月13日
213	依然	1917年2月14日
214	军事法庭	1917年2月15日
215	远离政治	1917年2月16日
216	苦涩的境遇	1917年2月17日
217	五十分之一	1917年2月18日
218	幸存者	1917年2月21日
219	酣甜的梦	1917年2月22日
220	击中要害的人	1917年2月23日
221	大日子。季节性候选人资格	1917年2月24日
222	生日	1917年2月25日
223	不速女客	1917年2月26日

续表

序号	题目	日期
224	厄运	1917 年 2 月 27 日
225	是四旬斋节	1917 年 2 月 28 日
226	面向过去	1917 年 3 月 1 日
227	形容词	1917 年 3 月 2 日
228	一切如故	1917 年 3 月 3 日
229	喧闹的声音	1917 年 3 月 4 日
230	昨天	1917 年 3 月 5 日
231	悲剧时分	1917 年 3 月 6 日
232	凄惨的祈祷仪式。新的主教居住地	1917 年 3 月 11 日
233	看着钟表	1917 年 3 月 12 日
234	悔罪	1917 年 3 月 13 日
235	冷漠的城市	1917 年 3 月 14 日
236	响亮的旅行。钱的问题	1917 年 3 月 15 日
237	坏事的力量	1917 年 3 月 16 日
238	倾听人们讲话。乐观主义	1917 年 3 月 17 日
239	前途会说的	1917 年 3 月 18 日
240	Vengan minifiestos	1917 年 3 月 19 日
241	寒冷的样子	1917 年 3 月 20 日
242	什么也没发生	1917 年 3 月 21 日
243	关着门	1917 年 3 月 23 日
244	平坦之路	1917 年 3 月 24 日
245	秘鲁地图	1917 年 3 月 25 日
246	旅行者	1917 年 3 月 26 日
247	一天又一天	1917 年 3 月 27 日
248	演说和饼干	1917 年 3 月 28 日
249	新子弹	1917 年 3 月 29 日
250	乘客	1917 年 3 月 30 日
251	急迫的旅行者	1917 年 3 月 31 日
252	关门的房子	1917 年 4 月 1 日
253	欢快	1917 年 4 月 2 日
254	走向隐遁	1917 年 4 月 3 日
255	神秘的	1917 年 4 月 5 日

续表

序号	题目	日期
256	钟的噪音	1917年4月7日
257	没有印字的纸	1917年4月9日
258	学年	1917年4月10日
259	政治的四旬斋节	1917年4月11日
260	我们中立。回忆录	1917年4月12日
261	凄惨的小教堂	1917年4月13日
262	有人叫门	1917年4月15日
263	都一样	1917年4月19日
264	失去的恩惠	1917年4月20日
265	名和姓	1917年4月21日
266	城市在动荡	1917年4月22日
267	大竞技场	1917年4月23日
268	庄严时分。天亮了	1917年4月25日
269	自由空气	1917年4月26日
270	来访者	1917年4月27日
271	在困境中	1917年4月28日
272	在幕布间	1917年4月29日
273	民主的危难关头。昨天	1917年4月30日
274	国家的5月	1917年5月1日
275	莱吉亚的声音	1917年5月2日
276	磨盘	1917年5月3日
277	平坦之路	1917年5月4日
278	不信任票	1917年5月5日
279	掌声和回到斗牛圈	1917年5月6日
280	著名的格言	1917年5月7日
281	无关紧要的跑道	1917年5月8日
282	自由派政府	1917年5月9日
283	火药味。自由派候选名额	1917年5月10日
284	走向目标	1917年5月11日
285	经理先生	1917年5月12日
286	健康之旅	1917年5月13日
287	没有治疗方法	1917年5月14日

续表

序号	题目	日期
288	热烈的一周。签名，签名，签名	1917年5月15日
289	欢呼声，欢呼声，欢呼声	1917年5月16日
290	领袖的座位	1917年5月17日
291	周末	1917年5月18日
292	天亮了。顶替者巴尔武埃纳	1917年5月19日
293	今天星期日，5月20日。破裂的辩论。今天下午	1917年5月20日
294	今天星期一	1917年5月21日
295	加法和减法	1917年5月23日
296	我们庆贺。从远处	1917年5月24日
297	这个过程。荣誉票（voto de honor）	1917年5月25日
298	我们继续保持中立	1917年5月26日
299	不祥的电报	1917年5月27日
300	在店后	1917年5月28日
301	今天，5月29日	1917年5月29日
302	看上帝的旨意吧……	1917年5月30日
303	枪声大作	1917年5月31日
304	昨天和今天	1917年6月1日
305	成功	1917年6月2日
306	惊奇和意外	1917年6月4日
307	又一天	1917年6月7日
308	奇迹般的面包	1917年6月8日
309	关于跑道	1917年6月9日
310	悲伤的城市	1917年6月11日
311	宠儿阁下	1917年6月12日
312	此刻	1917年6月13日
313	历史性时机	1917年6月14日
314	选举的特弥斯	1917年6月16日
315	最后几个时刻	1917年6月18日
316	都一样	1917年6月19日
317	来的人。印卡政治	1917年6月20日
318	昨天，20日	1917年6月21日
319	崇高的米拉马尔	1917年6月22日

续表

序号	题目	日期
320	杜兰德博士来了	1917年6月23日
321	在天平上	1917年6月24日
322	不平静的教区	1917年6月25日
323	季节的气氛	1917年6月26日
324	令人不安的谣传	1917年6月27日
325	给所有人以正义	1917年6月28日
326	学识和吹捧	1917年6月29日
327	著名的旅行者	1917年6月30日
328	七月。更多的吹捧	1917年7月1日
329	紧急姿态	1917年7月3日
330	再见，再见	1917年7月4日
331	天有不测风云	1917年7月5日
332	万不得已	1917年7月7日
333	新政治。凤凰鸟	1917年7月8日
334	在序言中	1917年7月8日
335	八百万	1917年7月10日
336	依然英武	1917年7月11日
337	日子去去来来	1917年7月12日
338	今天13日	1917年7月13日
339	一年	1917年7月14日
340	在临时客厅里	1917年7月15日
341	优柔寡断的气氛	1917年7月16日
342	党的公告	1917年7月19日
343	狡猾的罪人	1917年7月21日
344	七月快过完了	1917年7月24日
345	再见，青年人	1917年7月25日
346	焦躁的凌晨	1917年7月27日
347	光辉的七月	1917年7月28日
348	28日过去了	1917年7月31日
349	第一天	1917年8月1日
350	开始的季节	1917年8月2日
351	土生白人领袖。唐胡安的星期五	1917年8月5日

续表

序号	题目	日期
352	许诺的月份	1917年8月6日
353	东方剑。响板	1917年8月7日
354	日常的厌倦	1917年8月8日
355	美好的立法	1917年8月9日
356	两位将军	1917年8月10日
357	宴会和出席者	1917年8月11日
358	星期六	1917年8月12日
359	春天的回响	1917年8月13日
360	桑乔抗议	1917年8月14日
361	我们厌烦了	1917年8月16日
362	在顶点	1917年8月18日
363	时代的“标志”	1917年8月19日
364	在表皮下	1917年8月20日
365	从流放地	1917年8月22日
366	议会的和音	1917年8月23日
367	八月快过完了	1917年8月25日
368	全都独立。我们兴高采烈	1917年8月26日
369	干杯，仪式，柔情	1917年8月27日
370	笑容	1917年8月28日
371	混乱的气氛	1917年8月29日
372	过渡性下午	1917年8月30日
373	国家的失败	1917年9月1日
374	到九月了。强制性众议员	1917年9月5日
375	索蒂尔先生	1917年9月6日
376	选举的紧迫性	1917年9月7日
377	让我们相信吧	1917年9月8日
378	参议员萨帕塔	1917年9月9日
379	高层政治	1917年9月10日
380	持久的辩论	1917年9月11日
381	我们的中立性	1917年9月12日
382	市长的表情	1917年9月16日
383	宠儿在做梦。我们来纠正吧	1917年9月17日

续表

序号	题目	日期
384	圣星期一。菲利普斯先生的信	1917年9月18日
385	犹豫不定	1917年9月21日
386	春天	1917年9月24日
387	悼亡经	1917年9月26日
388	好开玩笑的要人	1917年9月27日
389	九月三十日	1917年9月30日
390	顾问	1917年10月1日
391	青春，绝好的宝藏	1917年10月2日
392	我们的盟友	1917年10月3日
393	土生白人的方法	1917年10月4日
394	笑容可掬的圣人	1917年10月6日
395	热烈的代表大会。庄严的时机	1917年10月8日
396	专家。小施舍的日子	1917年10月9日
397	休息日	1917年10月13日
398	神圣同盟	1917年10月14日
399	痛苦中的幽魂	1917年10月15日
400	春天的空气	1917年10月17日
401	暂时撤退	1917年10月19日
402	大学生众议员	1917年10月20日
403	最后的会议	1917年10月21日
404	土生白人的参孙	1917年10月24日
405	九十天	1917年10月26日
406	百年纪念先生	1917年10月27日
407	家庭忧虑	1917年10月28日
408	议会的星期一	1917年10月30日
409	钢轨和枕木	1917年10月31日
410	十一月一日	1917年11月1日
411	打呵欠	1917年11月4日
412	悔恨的行为	1917年11月8日
413	战争的音域	1917年11月11日
414	唐胡安的梦	1917年11月12日
415	悲剧的环境	1917年11月14日

续表

序号	题目	日期
416	焦躁不安	1917年11月17日
417	土生白人杂记	1917年11月18日
418	已知和已见	1917年11月20日
419	吻手礼包厢	1917年11月22日
420	秘鲁油画	1917年11月24日
421	爱情村	1917年11月25日
422	日子在流逝……	1917年11月27日
423	女圣人，男圣人，男圣人	1917年11月28日
424	旅行的部长	1917年11月29日
425	漫长的路……	1917年12月1日
426	一张一弛	1917年12月2日
427	政权的高塔	1917年12月4日
428	遗失的脚步	1917年12月7日
429	危机的危机	1917年12月9日
430	墓志铭	1917年12月13日
431	汽车警察	1917年12月14日
432	大名鼎鼎的大学生	1917年12月15日
433	前夜的前夜	1917年12月16日
434	秘鲁的春天。愉快的生活	1917年12月18日
435	地球上的和平	1917年12月19日
436	新年	1918年1月2日
437	董事佩雷斯	1918年1月6日
438	掌声和荣誉	1918年1月8日
439	在套间之外	1918年1月15日
440	寒冷的下午	1918年1月16日
441	换了表情的钟表	1918年1月18日
442	名声的高音号	1918年1月20日
443	被摧垮的权贵	1918年1月24日
444	上午和下午	1918年1月25日
445	未曾预见的事	1918年1月27日
446	再次开大会	1918年2月1日
447	自由派的信仰	1918年2月3日

续表

序号	题目	日期
448	有事吗？	1918 年 2 月 5 日
449	全都没有变	1918 年 2 月 6 日
450	内部王国	1918 年 2 月 7 日
451	宠儿	1918 年 2 月 8 日
452	狂欢节先生	1918 年 2 月 10 日
453	归来	1918 年 2 月 18 日
454	乌云遮蔽的地平线	1918 年 2 月 21 日
455	一个一个地	1918 年 2 月 23 日
456	装腔作势	1918 年 2 月 24 日
457	至高无上的渴望	1918 年 2 月 26 日
458	被迫的准许	1918 年 2 月 27 日
459	金银丝织物，可是大石块	1918 年 2 月 28 日
460	我们抗议……	1918 年 3 月 1 日
461	踪迹和“大杂烩炒青菜”	1918 年 3 月 2 日
462	尖端，快乐……	1918 年 3 月 3 日
463	再来一次	1918 年 3 月 4 日
464	莱吉亚来了	1918 年 3 月 6 日
465	轻车熟路	1918 年 3 月 7 日
466	政治上的唐璜行为	1918 年 3 月 9 日
467	今天下午……	1918 年 3 月 10 日
468	文官主义的圈套	1918 年 3 月 13 日
469	不幸的交换	1918 年 3 月 14 日
470	可能的插曲	1918 年 3 月 16 日
471	还在开更多的大会	1918 年 3 月 19 日
472	三比二的多数	1918 年 3 月 21 日
473	悲惨的秋天	1918 年 3 月 23 日
474	很平静，很安静	1918 年 3 月 24 日
475	在前言中	1918 年 3 月 26 日
476	演说和饼干	1918 年 3 月 28 日
477	一个伟大的悔罪者	1918 年 3 月 31 日
478	跟昨天一样	1918 年 4 月 1 日
479	贫穷，但尊贵	1918 年 4 月 4 日

续表

序号	题目	日期
480	地方主义（一个职务的）三个候选人	1918年4月5日
481	共同一致和休戚与共	1918年4月6日
482	看起来	1918年4月7日
483	布尔什维克，在这里	1918年4月9日
484	伤感的厄运	1918年4月13日
485	无辜的消息	1918年4月14日
486	钢轨和向里面	1918年4月15日
487	我们正处于危机	1918年4月17日
488	绅士风度的候选人先生	1918年4月18日
489	差一个人	1918年4月21日
490	邮政的候选人	1918年4月22日
491	纪念性旅行	1918年4月24日
492	布尔什维克部长	1918年4月27日
493	伤感的回归	1918年4月30日
494	大会开个够	1918年5月5日
495	正值五月	1918年5月7日
496	名声的歧途	1918年5月8日
497	（一个职务的）三个候选人。议会的延误	1918年5月9日
498	领袖的座位	1918年5月10日
499	走向一致	1918年5月11日
500	土生白人杂记	1918年5月12日
501	响亮的搜查	1918年5月17日
502	话语和香烟	1918年5月19日
503	民歌和糖果	1918年5月21日
504	独一无二又富有	1918年5月24日
505	大名鼎鼎的参议院	1918年5月25日
506	各就各位。工程师唐胡安	1918年5月26日
507	我们在密谋	1918年5月27日
508	英武的架势	1918年5月28日
509	情趣和好运	1918年5月29日
510	亲笔书写的	1918年5月31日
511	大卫的圣歌。剑的噪音	1918年6月1日

续表

序号	题目	日期
512	既然……	1918 年 6 月 2 日
513	正在结束	1918 年 6 月 4 日
514	在远方	1918 年 6 月 5 日
515	酝酿中的代表大会。令人激动的三分之一	1918 年 6 月 6 日
516	第三阶段。岁月和眼镜	1918 年 6 月 7 日
517	自然段。领袖与候选人	1918 年 6 月 8 日
518	干脆算你赢好了	1918 年 6 月 9 日
519	致命的罪过	1918 年 6 月 10 日
520	小声地	1918 年 6 月 11 日
521	干脆就是帕尔多派的人	1918 年 6 月 12 日
522	一位明星	1918 年 6 月 13 日
523	菲尼斯，菲尼斯，菲尼斯	1918 年 6 月 14 日
524	把握历史	1918 年 6 月 15 日
525	句号。平平静静地	1918 年 6 月 16 日
526	新内阁	1918 年 6 月 17 日
527	雷亚尔 · 费利佩	1918 年 6 月 18 日
528	戏剧性环境	1918 年 6 月 19 日
529	也害怕	1918 年 6 月 20 日
530	城市和山地	1918 年 6 月 21 日
531	传染在继续	1918 年 6 月 22 日
532	和平和雨。长桌布	1918 年 6 月 23 日
533	坏潮流	1918 年 6 月 24 日
534	悲痛的伊卡	1918 年 6 月 25 日
535	小祖国	1918 年 6 月 26 日
536	武力就是这样	1918 年 6 月 28 日
537	敌意的电缆	1918 年 6 月 30 日
538	纸张和墨水	1918 年 7 月 1 日
539	严冬	1918 年 7 月 4 日
540	忧虑	1918 年 7 月 5 日
541	失去的时刻	1918 年 7 月 6 日
542	一年又一年	1918 年 7 月 7 日
543	另一个候选人名额	1918 年 7 月 8 日

续表

序号	题目	日期
544	山区的火车	1918 年 7 月 9 日
545	挽歌	1918 年 7 月 10 日
546	等待的时刻	1918 年 7 月 11 日
547	寻找的寻找	1918 年 7 月 12 日
548	不过是闲聊	1918 年 7 月 13 日
549	周年纪念	1918 年 7 月 14 日
550	盛大的竞赛	1918 年 7 月 15 日
551	未来主义的立法	1918 年 7 月 16 日
552	独自地	1918 年 7 月 17 日
553	屈指可数的日子	1918 年 7 月 18 日
554	我们的王位正统论者	1918 年 7 月 20 日
555	大名鼎鼎的门徒	1918 年 7 月 21 日
556	没有危机	1918 年 7 月 22 日
557	一次放弃打算	1918 年 7 月 23 日
558	七月二十八日！	1918 年 7 月 28 日
559	再来一次	1918 年 8 月 15 日
560	休战	1918 年 8 月 16 日
561	平静的下午	1918 年 8 月 17 日
562	已经稳定不变了。极左派	1918 年 8 月 18 日
563	没有演说	1918 年 8 月 19 日
564	五月来了	1918 年 8 月 20 日
565	我们的众议员	1918 年 8 月 21 日
566	按照惯例	1918 年 8 月 22 日
567	激烈的革命。我们的面包	1918 年 8 月 23 日
568	第二天。在议会中	1918 年 8 月 24 日
569	圣卡洛斯的革命	1918 年 8 月 25 日
570	奥荣冒烟了。没有子弹	1918 年 8 月 26 日
571	街头喊叫声。加速脚步	1918 年 8 月 27 日
572	极大的多数	1918 年 8 月 28 日
573	教授党	1918 年 8 月 28 日
574	铁戒指	1918 年 8 月 30 日
575	戏剧舞台	1918 年 8 月 31 日

续表

序号	题目	日期
576	月末。下午	1918 年 9 月 1 日
577	一日，星期日	1918 年 9 月 2 日
578	我们依然没有法定人数。光荣的胡宁	1918 年 9 月 3 日
579	阴谋的终结	1918 年 9 月 4 日
580	原则与章程	1918 年 9 月 5 日
581	文官主义者与军人	1918 年 9 月 8 日
582	光阴似箭	1918 年 9 月 9 日
583	那叫退出竞赛……	1918 年 9 月 10 日
584	理想的余地	1918 年 9 月 11 日
585	吻手礼和吻手礼	1918 年 9 月 12 日
586	永远是候选人	1918 年 9 月 13 日
587	是这样……	1918 年 9 月 14 日
588	昏暗的前途	1918 年 9 月 15 日
589	一场悲剧	1918 年 9 月 16 日
590	文官主义	1918 年 9 月 17 日
591	近似的大会	1918 年 9 月 18 日
592	打开的记事簿	1918 年 9 月 19 日
593	年轻的秘鲁	1918 年 9 月 20 日
594	另一次大会	1918 年 9 月 21 日
595	昏暗的日子	1918 年 9 月 22 日
596	道路	1918 年 9 月 23 日
597	首席医生	1918 年 9 月 24 日
598	迫在眉睫的工作日	1918 年 9 月 25 日
599	战斗的党	1918 年 9 月 26 日
600	春天的空气	1918 年 9 月 27 日
601	文官主义者的同意。隐约看到了前景	1918 年 9 月 28 日
602	星期日，二十九日	1918 年 9 月 29 日
603	第一个工作日	1918 年 9 月 30 日
604	法定算术	1918 年 10 月 1 日
605	奇迹之月	1918 年 10 月 2 日
606	等候的尺度	1918 年 10 月 3 日
607	战斗姿态	1918 年 10 月 4 日

续表

序号	题目	日期
608	征兆性的话语	1918 年 10 月 5 日
609	在同样的里面	1918 年 10 月 6 日
610	选举的日子	1918 年 10 月 7 日
611	非常好的投票，节日般的一周	1918 年 10 月 8 日
612	一次休战	1918 年 10 月 9 日
613	匆忙草率的青年	1918 年 10 月 10 日
614	老一套	1918 年 10 月 11 日
615	这里和那里	1918 年 10 月 12 日
616	庄严的一天	1918 年 10 月 13 日
617	地球上的和平	1918 年 10 月 14 日
618	战斗的声音	1918 年 10 月 15 日
619	开始进攻了	1918 年 10 月 16 日
620	沉重的气氛	1918 年 10 月 17 日
621	又一次等待	1918 年 10 月 18 日
622	总是固执	1918 年 10 月 19 日
623	又一封信	1918 年 10 月 20 日
624	一次冲突	1918 年 10 月 21 日
625	第一件工作	1918 年 10 月 22 日
626	又一个肥皂泡	1918 年 10 月 23 日
627	一条诡计	1918 年 10 月 24 日
628	自愿退休	1918 年 10 月 25 日
629	钞票，钞票，钞票……	1918 年 10 月 26 日
630	急速开放	1918 年 10 月 27 日
631	不牢靠的事情	1918 年 10 月 28 日
632	民主制的公民	1918 年 10 月 29 日
633	试探性传球	1918 年 10 月 30 日
634	政府的流感	1918 年 10 月 31 日
635	重大指令	1918 年 11 月 1 日
636	跟昨天一样	1918 年 11 月 2 日
637	十一月几日	1918 年 11 月 3 日
638	小夜曲	1918 年 11 月 4 日
639	一封又一封的信	1918 年 11 月 5 日

续表

序号	题目	日期
640	凄惨的祷告	1918年11月6日
641	危机就在这里	1918年11月7日
642	上帝的和平	1918年11月8日
643	纪念	1918年11月9日
644	最后的候选人	1918年11月10日
645	响亮的口令。什么也没有	1918年11月11日
646	惊人的一天	1918年11月12日
647	糟糕的神经	1918年11月14日
648	最后的容克	1918年11月16日
649	快乐逃兵们	1918年11月17日
650	没有候选人	1918年11月20日
651	选举时刻	1918年11月21日
652	内阁	1918年11月22日
653	四个，哪怕四个	1918年11月23日
654	威严的候选人	1918年11月24日
655	都来了，就差一个	1918年11月25日
656	又一次间歇	1918年11月26日
657	险恶的前途	1918年11月27日
658	春天的节奏	1918年11月28日
659	去去来来	1918年11月29日
660	又一次失败	1918年11月30日
661	热烈的日子	1918年12月5日
662	显而易见的候选人	1918年12月6日
663	出色的讲演	1918年12月7日
664	皆大欢喜	1918年12月9日
665	两位候选人	1918年12月10日
666	令人痛心的危机	1918年12月11日
667	Solf descartado	1918年12月12日
668	恶性流感	1918年12月13日
669	生病的候选人	1918年12月14日
670	从“乌卡亚利”开始	1918年12月15日
671	十全十美的秘书们	1918年12月16日

续表

序号	题目	日期
672	孩童小戈约	1918 年 12 月 17 日
673	终于	1918 年 12 月 18 日
674	旅行的公文包	1918 年 12 月 19 日
675	布尔什维克部长	1918 年 12 月 20 日
676	受宠的皮斯科。伤脑筋的事	1918 年 12 月 22 日
677	伤脑筋的事	1918 年 12 月 23 日
678	一贯是强盗	1918 年 12 月 24 日
679	文官主义候选人	1918 年 12 月 25 日
680	长官说完了	1918 年 12 月 26 日
681	问题接着问题	1918 年 12 月 27 日
682	Cantay pallasca	1918 年 12 月 28 日
683	秘书参议员	1918 年 12 月 29 日
684	等待的尺度	1918 年 12 月 30 日
685	民主派候选人	1918 年 12 月 31 日
686	新年	1919 年 1 月 1 日
687	自由派们将有话说	1919 年 1 月 3 日
688	不过是看客……	1919 年 1 月 4 日
689	一个变化	1919 年 1 月 5 日
690	等待协议……	1919 年 1 月 6 日
691	有风暴的政治	1919 年 1 月 7 日
692	民主派的演说	1919 年 1 月 8 日
693	犹豫不决	1919 年 1 月 9 日
694	总是候选人	1919 年 1 月 10 日
695	令人愉快的中立	1919 年 1 月 11 日
696	最高纲领派在膨胀	1919 年 1 月 12 日
697	一次中断	1919 年 1 月 23 日

政治报道，发表于《理性报》“声音”专栏

序号	题目	日期
698	“我是……那个人”	1919 年 5 月 14 日
699	重要的前一日	1919 年 5 月 17 日

续表

序号	题目	日期
700	终于。东方主义	1919年5月20日
701	电报	1919年5月21日
702	指令	1919年5月24日
703	昨天，星期日	1919年5月26日
704	罢工期间。一辆汽车开过	1919年5月29日
705	六月开始了	1919年6月1日
706	（德国、瑞士、荷兰等国的）市长	1919年6月2日
707	“罗马”的政治家们	1919年6月3日
708	安孔的火车	1919年6月4日
709	人民的代表	1919年6月5日
710	一言不发	1919年6月6日
711	恒久的问题	1919年6月9日
712	战争气氛	1919年6月10日
713	大法庭	1919年6月11日
714	名气是这么回事	1919年6月13日
715	言词，言词，言词	1919年6月14日
716	永远是竞争者	1919年6月15日
717	正式参议员	1919年6月16日
718	没有委任状的参议员	1919年6月18日
719	原话照搬	1919年6月24日
720	当日名人	1919年6月25日
721	两封电报	1919年6月26日
722	没有污点的众议员	1919年6月27日
723	突如其来的雾	1919年6月28日
724	候选人唐胡安	1919年6月30日
725	七月一日	1919年7月1日
726	另一番景象	1919年7月9日
727	一条意外简讯	1919年7月10日
728	解读政令	1919年7月11日
729	五年的周期	1919年7月12日
730	自由派的世界	1919年7月13日
731	年轻的领袖	1919年7月14日

续表

序号	题目	日期
732	副总统将军	1919 年 7 月 15 日
733	典型的候选人资格	1919 年 7 月 16 日
734	等待的尺度	1919 年 7 月 17 日
735	幸存的州	1919 年 7 月 18 日
736	立宪派夫妻	1919 年 7 月 19 日
737	历史性位置	1919 年 7 月 20 日
738	科尔内霍讲话了	1919 年 7 月 21 日
739	外交政策	1919 年 7 月 22 日
740	演说家的纲领	1919 年 7 月 23 日
741	山区之旅	1919 年 7 月 25 日
742	新民主	1919 年 7 月 26 日
743	四张 A 牌	1919 年 7 月 27 日
744	七月二十八日	1919 年 7 月 28 日
745	选举之月	1919 年 7 月 31 日

附录三 《阿毛塔》杂志内容清单

内容	涉及次数	百分比（%）
大学	34	1.9
戏剧	4	0.2
社会主义	20	1.1
工团主义	19	1.1
当代革命	30	1.7
书刊评介	270	15.1
宗教	19	1.1
心理学和心理分析	13	0.7
无产阶级	53	3.0
土著人问题	66	3.7
秘鲁政治	32	1.8
世界政治	49	2.7
拉美政治	43	2.4
政治	9	0.5
诗歌	281	15.7
绘画	42	2.3
拉美画家	33	1.8
其他画家	21	1.2
民族主义和美洲主义	9	0.5
音乐和舞蹈	23	1.3
学生运动	2	0.1
矿业	8	0.4

续表

内容	涉及次数	百分比（%）
医学	9	0.5
马克思主义	17	1.0
文学	273	15.3
何塞·卡洛斯·马里亚特吉	24	1.3
教会与国家	2	0.1
印卡帝国	8	0.4
帝国主义	38	2.1
历史与社会学	7	0.4
冈萨雷斯·普拉达	8	0.4
地理和旅行	10	0.6
哲学	13	0.7
法西斯主义	3	0.2
雕刻	5	0.3
教育	41	2.3
经济	44	2.5
民主与法律	16	0.9
共产主义	13	0.7
电影	41	2.3
资本主义	13	0.7
资产阶级	11	0.6
艺术	25	1.4
人类学	13	0.7
拉丁美洲	34	1.9
《阿毛塔》杂志	26	1.5
农业	10	0.6
罗曼·罗兰	4	0.2
涉及总次数	**1788**	**100.0**

附录四 《阿毛塔》杂志作者名单

1	阿维拉，埃德华多	2	阿夫里尔，哈维尔
3	阿科斯塔·卡德纳斯，米格利娜	4	阿库里奥，塞萨尔
5	阿切尔，胡安·包蒂斯塔	6	阿丹，马丁
7	阿德莱尔，米格尔	8	阿格里奥·阿道弗
9	阿吉雷·莫拉莱斯，奥古斯托	10	亚历杭德罗一世
11	阿伦卡斯特雷·安东尼奥	12	帕拉
13	阿尔托·阿吉雷，曼努埃尔	14	阿尔瓦雷斯，伊希尼奥
15	阿尔瓦雷斯·德尔巴约，胡利奥	16	安德拉德，胡安
17	安德拉德·马昌特，克莱门特	18	安德烈，弗朗西斯
19	安德烈斯，阿维里诺	20	阿尼西诺夫，I. V.
21	阿拉贡，路易斯	22	阿拉尼瓦尔，阿尔韦托
23	阿拉基斯坦，路易斯	24	阿劳霍，胡利奥·塞萨尔
25	阿武卢·米兰达，卡洛斯	26	阿尔卡·帕罗，阿尔韦托
27	阿西涅加斯，赫尔曼	28	阿格达斯，阿尔西德斯
29	阿格略，圣地亚哥	30	阿里亚斯，马里亚·胡迪特
31	阿马萨，埃米略	32	阿尔脑德，布兰卡
33	阿罗约·波萨达，M.	34	智利大学教师总联合会
35	阿蒂拉	36	阿索卡尔，鲁文
37	阿苏埃拉，马里亚诺	38	巴威尔，伊萨克
39	巴赫，弗里兹	40	巴克尔，何塞菲娜
41	巴尔蒙特，康斯坦丁诺	42	巴尔扎克，奥诺雷·德
43	巴比塞，亨利	44	巴尔科斯，胡利奥
45	巴雷内切亚，何塞·安东尼奥	46	巴雷特，拉斐尔

续表

47	巴里奥斯，埃德华多	48	巴萨德雷，豪尔赫
49	巴桑，阿曼多	50	贝多芬，路德维格·冯
51	贝因格莱亚，曼努埃尔	52	贝哈拉诺，何塞
53	贝朗德，维克托·安德烈斯	54	贝尔特兰，奥古斯托
55	本哈明，雷内	56	贝尔，埃曼努埃尔
57	贝里奥斯，赫拉尔多	58	贝乌克莱尔，安德烈
59	比林古尔斯特，吉列尔莫	60	俾斯麦，奥托·冯
61	布兰科·丰博纳，鲁菲诺	62	布拉斯，卡米洛
63	博内萨蒂，托维亚斯	64	博尔赫斯，豪尔赫·路易斯
65	博尔哈·加西亚，温贝托	66	布代尔，埃米尔·安托尼
67	布劳恩，奥托	68	布雷顿，安德烈
69	布里翁，马塞尔	70	布罗格烈，路易斯·德
71	布鲁姆·德帕拉·德尔列戈，布兰卡·鲁斯	72	布埃诺，哈维尔
73	布伊特拉戈，吉列尔莫	74	布哈林，尼古拉
75	比宁，伊万	76	布斯塔曼特，路易斯·F.
77	布斯塔曼特－巴利维安，恩里克	78	卡塞雷斯，索伊拉·奥罗拉
79	卡钦，马塞尔	80	卡德纳西，埃多加达
81	卡列，布鲁塔尔戈·埃利亚斯	82	卡马乔，法维奥
83	坎波尔，赫尔曼	84	坎西诺斯－阿森斯，R.
85	卡德维拉，阿图罗	86	卡佩罗，华金
87	卡多萨·阿拉贡，路易斯	88	卡兰萨，路易斯
89	卡兰萨，维努斯蒂亚诺	90	卡瓦略，特雷莎
91	卡萨尔，胡利奥	92	卡萨诺瓦斯，马蒂
93	卡苏，胡安	94	卡斯特尔诺沃，埃利亚斯
95	卡斯蒂利亚，巴尔迪科	96	卡斯蒂略，卢西亚诺
97	卡斯特罗，阿梅里科	98	卡斯特罗，何塞·克里斯托瓦尔
99	卡斯特罗，M.	100	阿普里马克各州联盟中心
101	塞鲁托，奥斯卡	102	西斯内罗斯，费尔南
103	克洛松，埃内斯特	104	科克托，让
105	科德西多，胡利娅·科埃略，C.	106	科埃略，C.
107	科埃罗伊，安德烈	108	科利亚索斯，加夫列尔

续表

109	瓦乔农业区灌溉工社团	110	孔达尔科，恩里克
111	秘鲁总工会	112	拉美工会联合会
113	南美反战工会联合会	114	反法西斯大会（柏林）
115	拉美机构大会（蒙得维的亚）	116	海上和港口劳动者大会
117	世界反帝大会（巴黎）	118	工人大会（利马）
119	拉美工会大会（蒙得维的亚）	120	康拉德，约瑟夫
121	美洲教师会议（蒙得维的亚）	122	国际教师会议（布宜诺斯艾利斯）
123	阿根廷教师全国会议	124	科雷亚·卡尔德隆，埃瓦里斯托
125	科尔特斯，多诺索	126	科斯科，蒙塔尔沃
127	科西奥，何塞·加夫列尔	128	科克斯，卡洛斯·曼努埃尔
129	克罗斯比，哈里	130	克罗斯，居伊·夏尔
131	查瓦斯，胡安	132	查维斯，马里奥
133	查加利，马克	134	昌普尔辛，埃内斯蒂娜
135	卓别林，查理	136	查维斯，费德里科
137	查维斯－阿利亚加，纳萨里奥	138	蒋介石
139	肖邦，弗雷德里克	140	丘基万卡·阿尤洛，弗朗西斯科
141	丘拉塔，加马列尔	142	达里奥，鲁文
143	德安布罗西斯·马丁斯，卡洛斯	144	德彪西，克劳德
145	德拉诺，路易斯·恩里克	146	德尔加多，E. A.
147	德尔加多，奥诺里奥	148	德尔加多，胡利奥
149	德尔马尔，塞拉芬	150	德麦松，安德烈
151	德韦斯科韦，胡安	152	迪亚斯，波菲里奥
153	迪亚斯·卡萨努埃瓦，温贝托	154	迭斯特，埃德华多
155	迭斯·坎塞科，何塞	156	迭斯·德梅迪纳，费尔南多
157	多诺索，阿曼多	158	陀思妥耶夫斯基，费奥多尔
159	杜尔坦，卢克	160	伊斯特曼，马科斯
161	埃德华兹·贝略，华金	162	埃古林，何塞·马里亚
163	爱伦堡，伊利亚	164	爱因斯坦，阿尔伯特
165	埃尔格拉，费德里科	166	埃尔莫雷，埃德温
167	恩西纳斯，J. A.	168	爱泼斯坦，让
169	埃尔科利（陶里亚蒂，帕尔米罗）	170	斯巴达克
171	埃斯皮诺萨·布拉沃，阿尔韦托	172	埃斯特拉达，阿尼瓦尔

续表

173	埃斯特拉达，赫纳罗	174	法尔孔，塞萨尔
175	秘鲁学生联合会	176	西班牙美洲大学联合会
177	费定，康斯坦丁诺	178	费尔南德斯，路易斯·阿尼瓦尔
179	费尔南德斯，拉蒙	180	费尔南德斯·阿尔马格罗，梅尔乔
181	费尔南德斯·埃斯帕特罗，巴尔多梅洛	182	费尔南德斯·德卡斯特罗，何塞·安东尼奥
183	费尔南德斯，弗朗西斯科·哈维尔	184	费雷罗，阿尔弗雷多·马里奥
185	费拉尔蒂加斯，胡安	186	弗洛雷斯，里卡多
187	丰库埃瓦，何塞	188	丰肯，阿达尔韦托
189	福特萨，豪尔赫	190	富尔涅尔，亨利，阿兰
191	傅立叶，马塞尔	192	弗朗西斯科·德阿西斯，圣
193	弗朗哥，亚历杭德罗	194	弗朗哥，路易斯
195	弗兰克，瓦尔多	196	弗洛伊德，西格蒙德
197	弗鲁戈尼，埃米略	198	富恩特，尼卡诺尔·德拉
199	富斯科·桑索内，尼古拉斯	200	高尔斯华绥，约翰
201	加尔万，路易斯·E.	202	加尔万，奥斯卡
203	加列戈斯，赫拉尔多	204	加瓦洛萨，格拉谢拉
205	加西亚，何塞·乌列尔	206	加西亚·卡尔德隆，文图拉
207	加西亚·德拉卡德纳，胡安娜	208	加西亚·洛尔卡，费德里科
209	加西亚·罗德里格斯，J. S.	210	加菲亚斯，佩德罗
211	加里多，欧洛希奥	212	加罗，欧亨尼奥
213	加什，塞瓦斯蒂安	214	格根，劳埃德
215	赫尔丘诺夫，阿尔韦托	216	希夫松，佩尔西
217	纪德，安德烈	218	吉尔伯特，斯图尔特
219	西门内斯，卡瓦列罗	220	希龙多，奥利韦里奥
221	朱利奥蒂，多梅尼科	222	格拉埃塞尔，埃内斯托
223	戈贝蒂，皮埃罗	224	歌德，约翰·沃尔夫冈
225	戈伊科切亚，爱德华多	226	戈麦斯，阿努尔福
227	戈麦斯，胡安·比森特	228	戈麦斯·德拉塞尔纳，拉蒙
229	冈萨雷斯，胡利奥	230	冈萨雷斯，马里亚·罗莎
231	冈萨雷斯，奥蒂略	232	冈萨雷斯·普拉达，曼努埃尔
233	高尔基，马克西姆	234	格列戈，爱德华多

续表

235	格罗斯兹，乔治	236	重新崛起集团
237	格瓦拉，维克托	238	纪廉，阿尔韦托
239	纪廉，豪尔赫	240	圭拉尔德斯，里卡多
241	古谢夫，S.	242	古铁雷斯，亚历杭德罗
243	古铁雷斯，安东尼奥	244	古铁雷斯，卡洛斯
245	古铁雷斯，诺列加	246	居荣－热斯布龙，让
247	哈巴鲁	248	哈尔斯
249	阿亚·德拉托雷，维克托·劳尔	250	海涅，亨利希
251	埃劳德，路易斯	252	埃雷拉，福尔图纳托
253	埃雷拉，奥斯卡	254	埃雷拉－雷西格，胡利奥
255	赫里欧，爱德华多	256	埃森，路易斯
257	伊达尔戈，阿尔韦托	258	耶尔，埃内斯特
259	伊格拉斯，埃内斯托	260	胡佛
261	韦尔塔，阿道弗·德拉	262	维多夫罗，比森特
263	乌尔维兹，雅各布	264	乌特钦斯，格雷斯
265	伊瓦涅斯·德尔坎波，卡洛斯	266	伊瓦武卢，胡安娜·德
267	伊韦里科·罗德里格斯，马里亚诺	268	伊卡萨，哈维尔
269	伊拉内斯·索利斯，贝利萨里奥	270	伊莱什，贝拉
271	因赫涅罗斯，何塞	272	共产国际
273	教育工作者国际	274	美洲教师国际
275	红色工会国际	276	救助工作国际
277	伊普切，佩德罗·莱安德罗	278	伊斯特拉蒂，帕乃特
279	伊万诺夫·叶塞夫罗德	280	伊萨吉雷，卡洛斯·阿尔韦托
281	海卡，马特奥	282	哈尔内斯，本哈明
283	热切奥姆，M.	284	希赫纳·桑切斯，拉斐尔
285	希门内斯·德阿苏亚，路易斯	286	希纳拉哈达萨，卡洛斯
287	乔拉斯，尤金	288	乔伊斯，詹姆斯
289	卡尔托芬，E.	290	凯瑟琳，赫尔曼
291	科科夫，霍夫	292	拉巴尔卡，休伯特松
293	拉塞尔达·德莫鲁亚，马里亚	294	拉戈，托马斯
295	拉马克，尼迪亚	296	拉博，瓦莱里
297	拉托雷，罗伯托	298	莱米托，莫伊塞斯

续表

299	莱亚尔，费尔南多	300	列别金斯基，尤里
301	莱吉亚，奥古斯托 · B.	302	莱吉亚 · 马丁内斯，赫尔曼
303	列宁，尼古拉（V. Y. U.）	304	反帝联盟
305	洛佩斯 · 阿尔武哈尔，恩里克	306	洛佩斯 · 德梅萨，路易斯
307	洛拉，胡安 · 何塞	308	路德维格，埃米尔
309	卢那察尔斯基，阿纳托利	310	卢森堡，罗莎
311	马德罗，弗朗西斯科	312	马埃斯图，拉米罗
313	毛焦尔，L.	314	马兰卡，何塞 · 阿梅里科
315	马马尼，伊诺森西奥	316	曼，亨利 · 德
317	曼德尔斯塔姆	318	曼托瓦尼，胡安
319	曼萨尼利亚，何塞 · 马蒂亚斯	320	马基雅维利，尼古拉斯
321	马拉尼翁，格雷戈里奥	322	马里亚特吉，何塞 · 卡洛斯
323	马里内蒂，菲利普	324	马罗夫，特里斯坦
325	马尔克斯 · 米兰达，费尔南多	326	马蒂，何塞
327	马丁内斯 · 德拉托雷，里卡多	328	马丁内斯 · 埃斯特拉达，埃塞基耶尔
329	马托斯，内斯托尔	330	马鲁西戈，彼罗
331	马克思 · 卡尔	332	马西斯，奥拉西奥
333	马特乌 · 奎瓦，奥古斯托	334	莫洛亚，安德烈
335	马雅可夫斯基，弗拉基米尔	336	马耶尔 · 德苏岭，多拉
337	马约，乌戈	338	马索，加夫列尔 · 德
339	马福臣，安德森	340	梅利亚，胡利奥 · 安东尼奥
341	门德斯 · 卡尔萨达，E.	342	梅内塞斯，罗慕洛
343	梅尔卡多，吉列尔莫	344	梅里达，卡洛斯
345	梅里诺 · 比希尔，胡安	346	梅萨，克里斯托瓦尔
347	米戈利奥利，吉多	348	米罗，霍安
349	米罗 · 克萨达，塞萨尔 · 阿尔弗雷多	350	米斯特拉尔，加夫列拉
351	莫多蒂，蒂娜	352	莫里哀（J. B. 波克兰）
353	莫利纳尔，里卡多	354	蒙赫，卡洛斯
355	蒙特内格罗，卡洛斯	356	蒙特斯，洛伦索
357	蒙维尔，马里亚	358	莫拉加，布斯塔曼特
359	莫伦萨，海梅	360	莫罗，塞萨尔
361	莫尔塞利，E.	362	墨西纳克，莱昂

续表

363	莫扎特，沃尔夫冈·阿马德乌斯	364	穆尼奥斯，马丽娅·埃莱娜
365	穆里略，赫拉尔多	366	墨索里尼，本尼托
367	拿破仑一世	368	纳瓦罗，马德里
369	纳瓦罗，蒙索·胡利奥	370	纳韦亚，丹尼尔
371	聂鲁达，巴勃罗（内普塔利·雷耶斯）	372	内尔瓦尔，马里奥
373	尼克萨（尼卡诺尔·德拉富恩特）	374	诺沃亚·桑托斯，罗伯托
375	努涅斯，埃斯图亚尔多	376	努涅斯·阿格，爱德华多
377	努涅斯，巴尔迪维亚	378	奥夫雷贡，阿尔瓦罗
379	奥格涅夫，尼古拉	380	奥肯多·德阿马特，C.
381	奥里维，埃米略	382	奥雷戈，安特诺尔
383	奥尔特加－加塞特，何塞	384	奥特罗，卡洛斯
385	帕切科，H.（乌戈·佩斯塞）	386	帕德罗萨，梅塞德斯
387	派瓦，胡安	388	帕拉西奥斯，阿尔弗雷多
389	帕尔马，安赫利卡	390	帕尔马，里卡多
391	潘蒂戈索，马丁内斯	392	帕克特，阿方索
393	帕尔多，何塞	394	帕雷德斯，安赫尔
395	帕雷哈，莱安德罗	396	帕拉·德尔列戈，胡安
397	帕斯捷尔纳克，鲍里斯	398	帕斯托尔，弗朗西斯科
399	帕特龙·伊里戈延，豪尔赫	400	巴甫列蒂奇，斯特凡
401	巴甫洛夫，J.	402	帕斯，豪尔赫
403	帕斯·索尔丹，卡洛斯·恩里克	404	佩尼亚·巴雷内切亚，恩里克
405	佩尼亚·巴雷内切亚，里卡多	406	佩拉尔塔，亚历杭德罗
407	佩拉尔塔，安特诺尔	408	佩拉尔塔·巴尔德斯，伊德尔丰索
409	佩雷拉，卡洛斯	410	佩雷斯·雷诺索，拉米罗
411	佩斯塞，乌戈	412	彼得洛维克，朱利安
413	佩托鲁蒂，埃米略	414	毕加索，巴勃罗
415	彼罗拉，尼古拉斯·德	416	皮利尼亚克，鲍里斯
417	皮斯卡托尔，埃尔文	418	爱伦坡
419	波塔尔，胡安	420	波塔尔，玛格达
421	波图阿莱斯，居伊·德	422	普拉多，布兰卡·德尔
423	普拉多，胡利奥·德尔	424	普里莫·德里维拉，米格尔
425	普罗柯菲耶夫，谢尔盖	426	莫罗科查无产阶级

续表

427	普鲁斯特，马塞尔	428	普马雷加，A.
429	普希金，亚历山大	430	克萨达，埃内斯托
431	克奈，贝纳多	432	拉维内斯，欧多西奥
433	拉多，卡西亚诺	434	拉米雷斯·卡斯蒂利亚，萨穆埃尔
435	拉莫斯，安赫拉	436	拉莫斯·佩德鲁埃萨，拉斐尔
437	拉脱·夏尔洛，G.	438	拉维尔，莫里斯
439	雷西戈，路易斯	440	雷斯内尔，拉里萨
441	伦，路德维格	442	雷耶斯，恩里克
443	雷耶斯，豪尔赫	444	雷纳，埃内斯托
445	里奇，卡洛斯	446	里加内利，阿古斯丁
447	里奥斯，伯莎	448	里瓦斯，温贝托
449	里瓦斯·帕内达斯，何塞	450	里维拉，迭戈
451	罗德里戈，路易斯·德	452	罗德里格斯，塞萨尔·阿塔瓦尔帕
453	罗德里格斯·法夫雷加特，恩里克	454	罗埃，卡洛斯
455	罗哈斯，哈科瓦	456	罗哈斯·帕斯，巴勃罗
457	罗兰，罗曼	458	罗梅罗，埃米略
459	罗斯唐，让	460	鲁伊斯·迪亚斯，埃克托尔
461	鲁特拉，西奥	462	鲁索，丹尼尔
463	萨沃加尔，何塞	464	萨科，卡门
465	萨科	466	塞奇，罗伯特
467	萨尔－罗萨斯，费德里科	468	桑切斯，路易斯·阿尔韦托
469	桑切斯·孔查·德皮尼利亚，马蒂娅·伊萨贝尔	470	桑切斯·马拉加，卡洛斯
471	桑切斯·比亚蒙特，卡洛斯	472	桑地诺·C.，奥古斯托
473	萨宁·卡诺，巴尔多梅罗	474	萨拉莱吉，胡韦纳尔
475	萨托里斯，阿尔韦托	476	萨斯，安德烈
477	萨蒂，埃里克	478	舒伯特，弗朗兹·彼得
479	塞格尔，赫拉尔多	480	塞弗里纳，莉迪娅
481	秘鲁文化研究班	482	塞奥亚内，曼努埃尔·A.
483	塞拉诺，弗朗西斯科	484	萧伯纳
485	雪莱，波西·比希	486	西莱斯，埃尔南多
487	席尔瓦，阿方索·德	488	席尔瓦，埃尔佐格

续表

489	席尔瓦·巴尔德斯，费尔南	490	史密斯，罗伯托
491	阿毛塔出版公司	492	列宁格勒西班牙美洲社团
493	国际红色救援	494	索拉纳，何塞·德拉
495	索利斯，阿维拉多	496	索尔，福列
497	索雷尔，乔治（新译：索列尔，若尔日）	498	斯佩鲁辛，阿尔西德斯
499	斯普林格，奥斯瓦尔德	500	斯大林，约瑟夫
501	斯特拉文斯基，伊戈尔	502	塔马约，弗兰斯
503	塔沃拉脱，伊塔洛	504	特赫拉，温贝托
505	特略，胡利奥	506	特雷罗斯，尼古拉斯
507	吉洪诺夫，尼古拉	508	托雷尔，恩斯特
509	托尔斯泰，列夫	510	托洛茨基，列夫
511	图帕亚奇，拉斐尔	512	乌加特，塞萨尔·安东尼奥
513	乌加特，曼努埃尔	514	维特斯，贝拉
515	乌略亚，阿尔韦托	516	乌略亚，何塞·卡西米罗
517	乌纳穆诺，米格尔·德	518	拉美联盟
519	库斯科大学	520	苏克雷波卢拉大学
521	乌基耶塔，利诺	522	乌基耶塔，米格尔·安赫尔
523	瓦谢，雅克	524	巴尔卡塞尔，路易斯
525	巴尔德斯，亚伯拉罕	526	巴尔迪维亚，达维拉
527	巴尔迪桑，埃米略	528	巴列，费利克斯·德尔
529	巴利亚，罗萨梅尔·德尔	530	巴列·因克兰，拉蒙·德
531	巴列霍，塞萨尔	532	巴列斯－塔维内尔
533	王德维尔得，埃米尔	534	班塞蒂
535	巴拉利亚诺斯，阿达尔韦托	536	巴拉利亚诺斯，何塞
537	巴尔加，欧亨尼奥	538	巴斯孔塞洛斯，何塞
539	巴斯克斯，埃米略	540	巴斯克斯·迪亚斯，曼努埃尔
541	维佳，E.	542	贝拉尔德，埃克托尔
543	贝拉斯科·阿拉贡，路易斯	544	贝拉斯克斯，卡洛斯·A.
545	贝拉斯克斯·布林加斯，埃斯佩兰萨	546	维尔德拉克，夏尔（梅萨热·夏尔）
547	比利亚兰，曼努埃尔·比森特	548	比利亚维森西奥，莫德斯托
549	比纳特亚·雷诺索，豪尔赫	550	文森西，M.
551	沃尔登，赫沃斯	552	韦尔科，胡安

续表

553	威尔斯，赫伯特·乔治	554	沃斯，莱昂
555	威斯特法伦，埃米略·阿道弗·冯	556	玛丽亚，维塞
557	威尔逊，伍德罗	558	伍德，塞尔马
559	扎米亚京，费奥多尔	560	萨莫拉，阿道弗
561	萨尼，吉塞尔达	562	萨拉特，菲德尔
563	萨里利，温贝托	564	塞尔帕，曼努埃尔
565	齐利耶，亨利希	566	左琴科，米哈伊尔
567	苏岭，佩德罗	568	苏莱塔·德阿利亚加
569	苏姆·费尔德，阿尔韦托	570	茨威格，斯蒂芬

图书在版编目(CIP)数据

马里亚特吉的革命理论与实践 / ［秘鲁］布鲁克曼著;白凤森译.—北京:社会科学文献出版社，2016.4

（中国社会科学院老年学者文库）

ISBN 978 - 7 - 5097 - 8774 - 8

Ⅰ.①马… Ⅱ.①布… ②白… Ⅲ.①马里亚特吉（1894 ~ 1930）- 革命理论 - 研究 Ⅳ.①D1

中国版本图书馆 CIP 数据核字（2016）第 031633 号

·中国社会科学院老年学者文库·

马里亚特吉的革命理论与实践

著　　者 / ［秘鲁］莫妮卡·布鲁克曼（Mónica Bruckmann）

译　　者 / 白凤森

出 版 人 / 谢寿光

项目统筹 / 祝得彬　高明秀

责任编辑 / 高明秀　何晋东

出　　版 / 社会科学文献出版社·当代世界出版分社(010)59367004

地址：北京市北三环中路甲 29 号院华龙大厦　邮编：100029

网址：www. ssap. com. cn

发　　行 / 市场营销中心（010）59367081　59367018

印　　装 / 三河市尚艺印装有限公司

规　　格 / 开 本：787mm × 1092mm　1/16

印 张：12.25　字 数：201 千字

版　　次 / 2016 年 4 月第 1 版　2016 年 4 月第 1 次印刷

书　　号 / ISBN 978 - 7 - 5097 - 8774 - 8

著作权合同登记号 / 图字 01 - 2015 - 0458 号

定　　价 / 59.00 元

本书如有印装质量问题，请与读者服务中心（010 - 59367028）联系